Tanis Helliwell

Die Geschichte eines Leprechaun

Lloyd erzählt

Es gibt heute unbedingt viele gute Gründe, das weibliche Geschlecht wieder besser sichtbar zu machen. Dies ist seit mehr als 40 Jahren auch Anliegen unseres Verlages. Ob dies durch Gendern erreicht wird, darf man jedoch hinterfragen, immerhin geht es um unsere *Mutter*sprache. Sicher ist, dass der grammatische Genus nichts über das Geschlecht (Sexus) aussagt. Deswegen halten wir uns als Verlag beim Gendern bewusst zurück. Ausführliche Begründung dazu unter www.neue-erde.de/derdiedas

Tanis Helliwell

Die Geschichte eines Leprechaun

Lloyd erzählt

Aus dem Englischen von
Laura Spies

Bücher haben feste Preise.
1. Auflage 2024

Tanis Helliwell
Die Geschichte eines Leprechaun – Lloyd erzählt

Aus dem Englischen von Laura Spies
Lektorat: Andreas Lentz

Der Titel des englischen Originals lautet »The Leprechaun's Story as recounted by Lloyd« und wurde erstmals 2023 veröffentlicht von Wayshower Enterprises

Titelseite:
Foto: dugdax, Illustration: Marina Lvova, beide shutterstock.com
Gestaltung: Dragon Design GB

Satz und Gestaltung: Dragon Design GB
Gesetzt aus der Minion

Gesamtherstellung: Libri Plureos GmbH, Hamburg
Printed in Germany

ISBN 978-3-89060-840-2

Neue Erde GmbH
Cecilienstr. 29 · 66111 Saarbrücken
Deutschland · Planet Erde
www.neue-erde.de · info@neue-erde.de

Widmung

Ewige Dankbarkeit gegenüber den
Elementarwesen und ihren menschlichen
Partnern, die Gesundheit und Harmonie
untereinander und mit der Erde
wiederherstellen.

Inhalt

Einleitung

von Tanis Heliwell

Ich sitze in einem bequemen Sessel im Sonnenzimmer eines wunderschönen alten Hotels an der Westküste Irlands mit Blick auf das Meer. Ich bin vor einem Tag in Keel auf Achill Island angekommen, um nach zwei Monaten Arbeit in Europa einen kurzen, dringend benötigten Urlaub zu machen. Ich habe mich auf Spaziergänge im Grünen und Meditation gefreut. Gerade freute ich mich auf ein richtiges irisches Frühstück, als ich eine vertraute Stimme hörte.

»Tanis, ich möchte, dass du jetzt meine Lebensgeschichte schreibst.«

Vielleicht sollte ich ein paar Hintergrundinformationen geben. Vor über dreißig Jahren lebte ich in demselben Dorf Keel in einem Haus, das von einer Leprechaunfamilie bewohnt war. Damals bat mich der Leprechaun-Mann, er nannte sich Himself, ein Buch über diese Erfahrung zu schreiben. Es trägt den Namen *Elfensommer*. Das Buch wird von vielen Menschen geliebt, und seither haben wir zusammen vier weitere Bücher geschrieben. Er kommt regelmäßig zu mir nach Hause, zu Tee und Haferbrei. Lloyd (so nennt er sich bei den Menschen) steht jetzt vor mir, sieht so großspurig aus wie immer und erzählt mir, ich solle »seine« Geschichte in »meinem« Urlaub schreiben.

Lloyd ist etwa einen Meter groß, ziemlich stämmig und hat einen beachtlichen Bauch. Er ist in der traditionellen irischen Leprechaunmode gekleidet: in eine enganliegende, kurze grüne Jacke, eine braune Wollhose, die am Knie endet, und grobe Wollsocken, die in Clog-ähnlichen Schuhen stecken, deren Ausmaße darauf hindeuten, dass seine Füße größer sind als die eines Menschen. Abgerundet wird seine Kleidung durch seinen allgegenwärtigen Zylinder.

Können andere Menschen ihn sehen? Nur wenn sie, wie ich, das zweite Gesicht haben. Das ist die Gabe, Wesen wie meinen Leprechaunfreund in anderen Welten sehen zu können.

»Und was ist mit meinem Urlaub?« fragte ich. Wie Sie sich vorstellen können, war ich nicht darauf erpicht, diesen zu opfern.

»Überhaupt kein Problem. Man kann drei Stunden am Tag schreiben und in der übrigen Zeit Urlaub machen.« (Himself hat ein sehr vages Zeitgefühl.)

»Ich habe eine Menge anderer Bücher, die mich rufen«, antwortete ich, »ich muss also nicht noch ein weiteres auf die Liste setzen. Wie kommt es, dass du es noch nie erwähnt hast?«

»Es wäre doch sinnlos, etwas zu erwähnen, dessen Zeit noch nicht gekommen ist, oder?« erwiderte Lloyd. »Ihr Menschen! Ihr lebt immer in der Zukunft und nicht in der Gegenwart. Wie auch immer, es wird einfach sein«, fügte er hinzu und setzte sein gewinnendstes Lächeln auf.

»Wie einfach?« Dieses Argument hatte ich in der Vergangenheit schon oft gehört, nur um dann festzustellen, dass seine und meine Vorstellung von »einfach« Welten auseinander lagen. »Wie auch immer«, sagte ich, »ich habe nicht einmal einen Computer hier.«

»Kein Problem. Ich kümmere mich darum«, erwiderte Lloyd und war verschwunden.

Während des Frühstücks grübelte ich über die Idee meines Freundes nach. Wir haben einen langen gemeinsamen Weg hinter uns, und ich weiß inzwischen, dass ich, wann immer er mich bittet, ein Buch zu schreiben, nie vorab weiß, worum es in dem Buch gehen wird. Doch ich habe gelernt, dem sich entfaltenden Prozess zu vertrauen, und weiß nun, wenn auch mit etwas Bangen, die erweiterte Leere des Unwissens zu schätzen, in der etwas aus dem Äther geboren wird. Deshalb hatte ich, als ich den letzten Bissen Sodabrot in meinen Mund steckte, bereits beschlossen, seinen Vorschlag anzunehmen.

Da mir also nur noch wenig Zeit für meinen Urlaub blieb, beschloss ich, den schönen Junitag zu genießen und die Crumpaun Lane hinaufzuwandern, um das Haus der Leprechauns zu besichtigen, in dem ich vor so vielen Jahren gewohnt hatte. Seitdem war das Haus an eine Familie aus Dublin verkauft worden, die nur selten dort war, was der Familie der Leprechauns entgegenkam. Die Besitzer waren nicht da, und weil ich sicher war, dass sie nichts dagegen haben würden, ließ ich mich selbst durch das Tor ein. Ich schlenderte gerade in den wild blühenden Hof, um mein früheres Zuhause zu begrüßen, als ich Sie-wissen-schon-wessen Stimme im Äther vernahm: »Ich arbeite daran, den Computer zu besorgen.«

Erleichtert, dass ich den Tag genießen konnte, ließ ich mich auf die Wiese sinken, atmete die frische Meeresbrise ein, die in Keel immer weht, und spürte, wie mein Herz in den tiefen, glücklichen Rhythmus der Stimmigkeit und des Heimatgefühls fiel, das ich dort immer empfand. Am späten Nachmittag, nachdem ich den langen, verschlungenen Weg über die Landstraßen zurück genommen hatte, war ich schon fast wieder bei meinem Gästehaus, als ich anhielt, um mit einer Einheimischen zu plaudern, die ihren Hund ausführte. Einheimische sind neugierig auf Fremde und fragen gerne, ob sie irische Wurzeln haben, und so wurde ich nach meinem Namen gefragt. Als ich ihr meinen Vornamen nannte, wurde sie hellhörig. »Sie haben nicht zufällig ein Buch über Leprechauns geschrieben?« erkundigte sie sich.

»Ja, das bin ich«, antwortete ich, erfreut, dass eine Einheimische das Buch kannte, und ich fügte zu meiner eigenen Überraschung hinzu: »Und jetzt will der Leprechaun, dass ich seine Geschichte schreibe, aber ich habe keinen Computer.«

Strahlend antwortete die Frau: »Nun, ich habe die perfekte Lösung für Sie. Tom, der Nachbar von nebenan, hatte früher eine Computerwerkstatt, und er kann Ihnen bestimmt etwas besorgen.«

Das war sicher das Werk des Leprechauns. Nachdem ich mich von ihr verabschiedet hatte, ging ich nach nebenan zu Toms Wohnung und fand dort einen mittelgroßen Mann mittleren Alters in einer offenen Werkstatt, umgeben von Computern, die sich in einem schlechten Zustand befanden.

»Hallo Tom«, sagte ich und stellte mich vor, als ich näherkam, »ich bin eine Autorin, die nebenan wohnt, und ich muss ein Buch schreiben, aber ich habe keinen Computer. Haben Sie einen, den ich mieten könnte?«

»Was für ein Buch soll das werden?« fragte er neugierig.

»Versprechen Sie mir, dass Sie nicht lachen werden«, antwortete ich. Es macht mich nämlich immer nervös, das Thema Leprechauns anzusprechen, wenn ich jemanden zum ersten Mal treffe – vor allem in Irland, denn ich habe festgestellt, dass viele Iren empfindlich reagieren, wenn man sie mit Leprechauns in Verbindung bringt, weil sie befürchten, dass man sich über sie lustig macht.

»Ich werde nicht lachen«, antwortete er und lächelte breit.

»Es ist ein Buch über meinen Leprechaunfreund, der in der Crumpaun Lane wohnt«, traute ich mich zu sagen.

»Oh, das glaube ich«, sagte Tom. »Vor ein paar Jahren brachte eine junge Frau ihren Computer zur Reparatur, und ich fand tief im Computer eine Datei von jemandem namens Mary, was nicht der Name der Frau war. Als die junge Frau, eine Lehrerin, ihren Computer abholen wollte, fragte ich sie: ›Wer ist Mary?‹ Sie bekam weiche Knie, wurde blass und erzählte mir, sie wohne in einem Haus, das von einer alten Frau heimgesucht werde, die sich Mary nenne. Sie sehen also, ich glaube Ihnen, und meine Frau könnte Ihnen viele Geschichten über diese Art von Dingen hier erzählen. Ich werde mal sehen, was ich tun kann, um Ihnen zu einem Computer zu verhelfen. Kommen Sie doch etwas später wieder.«

Inzwischen war klar, dass Lloyd wieder einmal gezaubert hatte, um Tom, den absolut perfekten Menschen, für sein Schreibprojekt zu gewinnen. Ich ging zurück zum Gästehaus und genoss meinen letzten freien Abend in dem Wissen, dass die Geschichte des Leprechauns beschlossene Sache war. Und tatsächlich: Am nächsten Morgen hatte Tom Teile aus zwei verschiedenen Computern zusammengebaut, die, wie er sagte, »*banjaxed*« waren – ein irischer Ausdruck für »total kaputt«. Nun war ich also bereit für seine Geschichte.

Bevor ich beginne, möchte ich sagen, es war richtig, dass Lloyd sich entschloss, seine Geschichte zu diesem Zeitpunkt zu erzählen. Ich war wieder in Keel, dem kleinen Dorf, in dem ich ihn vor so langer Zeit kennengelernt hatte. In seinem Cottage, seinem Zuhause, hatte er mir von Elementarwesen erzählt – Naturgeistern, wenn man so will – und mich gebeten, ein Buch über die Bedeutung der Elementarwesen zu schreiben und darüber, dass er zu einer Gruppe gehörte, die mit den Menschen zusammenarbeiten wollte, um die Erde zu heilen. Das Schreiben dieses Buches hat mein Leben verändert, und nun war es an der Zeit, mehr über sein Leben zu erfahren. Und ich war froh darüber. An diesem wunderschönen Morgen im Spätfrühling fuhr ich also zu seinem Haus, machte es mir im Gras bequem und war bereit, als Lloyd sich vor mich setzte und sagte: »Bereit für das Diktat? Ich bin froh, dass du das machen willst.«

Und dann, ohne lange Vorrede, legte der Leprechaun los!

Leprechaun-Kindheit – Damals

Es ist wichtig, meine Geschichte aufzuzeichnen, weil die Alten aussterben und ich einer neuen Generation angehöre, die beginnt, Dinge anders zu machen als unsere Vorfahren. Um also zu beginnen: Ich wurde nicht in Crumpaun Cottage geboren. Eigentlich wurde ich in einem Torfhäuschen geboren. Es hatte Soden aus Torf an den Seiten und Stroh für das Dach. Es war kein richtiges Cottage, sondern eher ein Schuppen hinter dem menschlichen Haus, in dem meine Familie und ich wohnten. Es war ein Schuppen, in dem der Torf gelagert wurde, und wir hatten dort auch Tauben, und es gab Hühner, die kamen und gingen und Eier an Orten legten, wo sie nicht hingehörten. Die Kinder des Hauses waren ständig auf der Suche nach ihnen.

Es war keine reiche Familie, die das Haus besaß, und sie war auch nicht arm. Man würde sagen, sie gehörte zur Mittelschicht, das war, bevor die Unruhen in Irland begannen. Ich wurde in den frühen 1840er-Jahren geboren. Wenn Sie sich mit Geschichte auskennen, wissen Sie, dass dies die Zeit der *An Drochshaol* war, was so viel bedeutet wie harte Zeiten, denn es war die Zeit der Kartoffelknappheit und des großen Hungers.

Der Grund, warum ich mein Alter bisher nicht angeben wollte, ist, dass es den Menschen schwerfallen würde, es zu glauben. Wissen Sie, Leprechauns und die meisten Elementarwesen sind äußerst langlebig. Außerdem läuft die Zeit in eurer Welt anders als in unserer. Wenn die Menschen früher in unsere Welt kamen und eine Weile blieben, mussten sie bei ihrer Rückkehr in ihre Welt feststellen, dass einige hundert Jahre vergangen waren. Wie auch immer, zurück zu meiner Geschichte.

Ma und Pa sind im alten Irland aufgewachsen, als die Menschen noch an das Feenvolk glaubten und die Bauern einen Teil ihres Hofes den Feen zur Verfügung stellten, damit sie dort wohnen konnten. Damit meine ich nicht nur Leprechauns, eine Art von Elementarwesen, zu denen ich gehöre. Elementarwesen hat es schon immer gegeben, aber wir ziehen es vor, unsere Art so zu nennen, so wie ihr euch Menschen nennt. Jedenfalls gibt es alle möglichen Arten von »kleinen Leuten«, wie ihr Menschen uns gerne nennt, die leben überall auf der Welt.

Einige Elementarwesen, – Feldfeen oder Leprechauns – leben in Feenringen, die sich in ungepflügten Gebieten befinden, in denen sich die Menschen nie aufhalten. In diesen Ringen gab es vielleicht einige alte Bäume, wie den heiligen Weißdorn, Schlehdorn oder Ginster. Die Feldfeen blieben auf ihrem Grund und Boden und trieben ihr Unwesen, und wenn Vollmond war, hörten einige Bauern, die aus dem Wirtshaus nach Hause gingen, sie singen oder sahen sie tanzen, und manchmal begegneten sie ihnen auch.

Andere unserer Leute lebten auf dem Bauernhof, und einige von ihnen halfen den Bauern beim Melken, beim Ausbrüten der Küken und ganz allgemein. Sie segneten den Hof. Sie segneten die Kartoffeln. Und jeden Morgen stellte der Bauer zum Dank Milch, Brot und Honig für sie bereit. Wir kamen alle gut miteinander aus, und Ma und Pa wuchsen in einer solchen Umgebung auf. Sehr traditionell, sozusagen. Pa war Schuster und stolz auf die Schuhe, die er herstellen konnte. Andere Leprechauns kamen und fragten ihn nach seinem Geheimnis, weil sie sie nicht halb so gut hinbekamen. Aber Pa behielt seine Geheimnisse für sich, weil Leprechauns anderen Leprechauns ihre Geheimnisse nicht verraten.

Ich war das älteste von vier Kindern. Wir waren zwei Jungen und zwei Mädchen in der Familie. Bei den Elementarwesen wurden die Jungen normalerweise dazu ausgebildet, das Handwerk des Vaters auszuüben, und die Mädchen blieben bei der Mutter und lernten, Essen zuzubereiten, Kleidung zu flicken und Socken zu stopfen. Sie sind auch diejenigen, die die Milch holen und die Wäsche waschen.

Ich würde in meiner Geschichte am liebsten zu dem interessanten Teil übergehen, als ich auf Reisen ging, aber ich nehme an, dass Sie, die Sie ein Mensch sind, genaueres darüber wissen wollen, wie es ist, ein Elementarwesenkind zu sein. Zunächst einmal gibt es nicht die eine Art von Elementarwesenkindheit. Es gibt alle Arten von Elementarwesen, aber da ich ein Leprechaun bin, kann ich mit Sachkunde nur über uns sprechen.

Was alle Elementarwesen gemeinsam haben, ist die Art und Weise, wie sie als Säuglinge sind. Nach dem, was ich vom Studium der Menschen weiß, sind Ihre Säuglinge noch mit den spirituellen Ebenen verbunden und sehen Engel und große Wesen und bekommen sogar ein Gefühl dafür, was ihre Aufgabe in diesem Leben ist. Elementarwesenkinder hingegen leben in einer Welt der Empfindungen, der farbigen Lichter, der Klänge und der Gefühle. Naturgeister haben einen starken Gefühlskörper – man könnte sagen, einen Astralkörper –, während Menschen einen starken Mentalkörper und ein Ego haben, weshalb sich unsere Erfahrungen als Kleinkinder unterscheiden. Allmählich beginnen die Elementarwesen, die Welt um sich herum und ihren physischen Körper bewusster wahrzunehmen. Das dauert länger als bei den Menschen, aber unser Leben ist auch deutlich länger.

Die nächste Stufe für Menschen und Elementarwesen ist ebenfalls unterschiedlich. Menschenkinder verlieren allmählich den Kontakt zur geistigen Welt und zu den Wesen in anderen Dimensionen, die sie leiten. Elementarwesen hingegen werden sich der geistigen Welten und der Wesen, die sie leiten, immer bewusster. Während Menschen in der Gegenwart verhaftet sind, fließen die Elementarwesen zwischen Vergangenheit, Gegenwart und Zukunft hin und her, nur indem sie ihre Gedanken benutzen, aber in der Kindheit würde man sagen, fast instinktiv. Sowohl Menschen als auch Naturgeister inkarnieren sich mit zunehmendem Alter mehr und mehr in ihre jeweiligen Welten. Für die Menschen bedeutet dies, dass sie in der dreidimensionalen Realität physischer werden, und für die Elementarwesen bedeutet es, dass sie in der Astralwelt physischer werden.

Ich werde erklären, was ich meine. Die Kindheit unserer beiden Arten besteht aus Spielen. Bis zum Alter von etwa sieben Jahren können menschliche *Leanbh* (ich benutze das Wort »Kinder«, sonst verstehen Sie nicht, was ich meine) Elementarwesen sehen und uns als Spielgefährten haben. Kleine Menschenmädchen veranstalten Teepartys mit jungen Elfen, und Menscheneltern lassen sich auf diese »Fantasien« ein. Der Schleier fällt für die Menschen, wenn sie in die Schule gehen, um etwas über die »reale« Welt zu lernen, an die die Erwachsenen glauben. Im Gegensatz dazu spielen Elementarkinder im gleichen Entwicklungsstadium aktiv in vielen verschiedenen Astralwelten. Manche mit menschlichen Geistern und andere mit Einhörnern, Drachen, Satyrn und vielen anderen Wesen. Wenn Menschenkinder draußen spielen und nicht nach Hause kommen, fragen ihre Eltern bei den Nachbarn nach; wenn aber Elementarkinder nicht nach Hause kommen, suchen ihre Eltern sie in den verschiedenen Astralwelten.

Wenn Kinder in der Welt der Naturgeister zu Jugendlichen werden, hängen sie mit Elementarwesen ihrer eigenen Art zusammen, und jede Art ist auf eine bestimmte Gabe spezialisiert; dabei ist keine Art wichtiger als eine andere. In der traditionellen Welt der Elementarwesen gehören Leprechauns, Feen, Trolle, Kobolde, Elfen und andere jeweils zu einer bestimmten Art und spielen je nach Art eine bestimmte Rolle in unserer Gesellschaft. Ein Leprechaun würde zum Beispiel nicht auf die Idee kommen, sich wie Trolle mit schweren Metallarbeiten zu befassen. So bin ich aufgewachsen. Das ändert sich jetzt, und dazu komme ich später, aber ich möchte, dass ihr versteht, wie ich großgeworden bin.

Ich war schon relativ früh anders als die meisten Leprechauns. Als Kind hielt ich mich oft zurück und beobachtete andere Kinder und Erwachsene, anstatt mich an ihrem Tun zu beteiligen. Ich beobachtete nicht nur Leprechauns, sondern auch Kobolde, Trolle und die unterschiedlichen Elementarwesen. Warum war ich anders? Nun, in Bezug auf die menschliche Evolution könnte man sagen, dass ein Individuum in seinem jetzigen Leben durch bestimmte Gaben und Interessen geformt wird, die in früheren Leben entwickelt wurden. In der Welt der Elementale hingegen würden wir sagen, dass es Energien gibt, die zu bestimmten Zeiten in der Geschichte in unsere Welt eintreten, und dass diese Energien, die ihr als universelles Bewusstsein bezeichnen würdet, einen Menschen formen. Als ich geboren wurde, traten neue Energien ein, die mich und andere Naturgeister formten, um neue Formen der Interaktion zwischen uns und den Menschen zu initiieren.

Als ich nach menschlichen Maßstäben etwa neun Jahre alt war, begnügte ich mich damit, meine Heimatgemeinde in Keel zu beobachten. Hier gab es mehr als genug zu lernen. Wenn andere Kinder spielten, schaute ich oft den Erwachsenen zu, die taten, was Erwachsene so tun – es gab Leprechauns, die Schuhe herstellten, Schneider waren und auch einige andere Handwerke ausübten.

Nach einer Weile dachte ich, ich hätte alles gesehen, was Leprechauns tun. Sie wissen ja, wie junge Leute sind. Dann kam ich auf die Idee, mich zu verstecken und Trolle zu beobachten, wenn sie miteinander redeten oder etwas taten. Ich habe sogar versucht, Kobolde zu durchschauen, aber sie waren mir immer auf den Fersen und dachten, ich könnte ein Leprechaun-Spion sein, also haben sie mich verjagt. Bei den Elfen habe ich mein Bestes gegeben, aber ich konnte mit ihrem Tanzen und Singen nicht mithalten, und sie haben mich ausgelacht. Da war ich ein bisschen empfindlich. Ich passte nicht wirklich zu den anderen Leprechaunkindern, und das spürten sie natürlich und ignorierten mich meistens, wenn ich versuchte, mit ihnen zu spielen, zumindest als ich klein war.

Sogar das Treiben der Frauen beobachtete ich gern, was andere für sehr seltsam hielten. Wenn meine Mutter meine Schwestern unterrichtete, war ich oft mit im Wohnzimmer, um ihre Gespräche zu belauschen. Ma brachte ihnen bei, wie man Brot backt und sagte: »Ihr müsst eine Prise Salz dazugeben, sonst taugt es nicht. Und achtet darauf, dass ihr dem Mann immer das dickere Stück gebt.«

Moira, eine meiner Schwestern, stellte Mas Anweisung in Frage. »Aber was ist, wenn er nichts getan hat und ich die Wäsche gewaschen und geputzt habe, sollte ich dann nicht den größeren Anteil bekommen?«

»Das darf nicht passieren«, sagte Ma entschieden. »Der Mann muss sich immer besonders fühlen, und es ist unsere Pflicht, dafür zu sorgen, dass er das tut. Auf diese Weise wird er euch gerne einen Gefallen erweisen, wenn ihr ihn darum bittet. Dann schmeichelt es ihm, wenn er einwilligt.«

Ich erinnere mich an den Tag, an dem Moira diese Lektion erhielt. Als es Zeit fürs Abendessen war und ich mich für ein Stück Brot hinsetzte, wandte sie sich mir zu, streckte mir den Honigtopf entgegen und sagte mit ihrer lieblichsten Stimme: »Lieber Bruder, möchtest du nicht etwas Honig für dein Brot?«

»Sehr gerne«, antwortete ich gleichfalls mit lieblicher Stimme, während ich dachte: »Was wird mich das kosten?«

Schwestern und Brüder reden selten lieblich miteinander, zumindest nach meiner Erfahrung. Aber als ich Ma aus dem Augenwinkel sah, konnte ich erkennen, dass sie sehr zufrieden mit uns beiden war. Wie Sie sehen, lernte ich eine Menge über Frauen, indem ich ihren Gesprächen lauschte und ihre Denkweise verstehen lernte. Das kam mir in späteren Jahren bei meiner eigenen Partnerin sehr zugute. Aber nun zurück zur Geschichte meiner Teenagerjahre.

Ich wurde zu einem Experten in Sachen Frauen und in Bezug auf andere Elementarwesenarten und konnte gute Geschichten darüber erzählen. Als ich älter wurde, verschaffte ich mir so einen Platz unter meinesgleichen. Ungefähr zur gleichen Zeit bemerkte ich, dass es bei anderen Arten, beispielsweise bei den Kobolden und Trollen, ein paar gab, die mir ähnlich waren und die auch nicht zu ihren Gleichaltrigen passten. Anfangs waren wir einander gegenüber misstrauisch, aber mit der Zeit trafen wir uns manchmal. Das entsprach ganz und gar nicht der Art der Elementarwesen, weshalb man uns in unserer Gemeinschaft als seltsam ansah.

Sie fragen sich sicher, wie unsere Eltern das aufgenommen haben. Nun, es kam darauf an. Einige versuchten, uns in den Griff zu bekommen und uns wieder »normal« zu machen, andere ließen uns unserer eigenen Weg gehen. So war es auch bei den Alten. Einige fühlten sich durch unser nicht elementarwesenhaftes Verhalten bedroht und sahen in uns eine Gefahr für ihre traditionelle Lebensweise, die seit Tausenden von Jahren Bestand hatte. Andere hingegen spürten die neuen Energien und setzten sich für uns ein. Allerdings sah ich mich immer noch als Leprechaun und wollte Teil dieser Gemeinschaft sein. Also ging ich nicht zu weit und versuchte, Kompromisse zu machen. Doch mit der Zeit wurde mir klar, dass ich meinen eigenen Weg finden musste.

Auf Reisen

Normalerweise bildete der Vater in einer Leprechaunfamilie die Jungen aus und lehrte sie seine Geheimnisse. Mein Bruder war glücklich, diesen Weg zu gehen, aber ich konnte mich nie damit anfreunden. Ich spürte bereits, dass sich der Wind in der Menschenwelt drehte und es zu Konflikten zwischen den Protestanten und den Iren kam, oder vielleicht sollte man eher sagen, zwischen den Briten und den Iren – oder noch richtiger, zwischen den Reichen und den Armen.

Unsere Alten hatten vorausgesagt, dass dies das Ende unserer traditionellen Lebensweise bedeuten würde und dass wir Elementarwesen eine große Veränderung durchmachen müssten; eine Diaspora nannten sie es. Es würde eine Zeit des großen Chaos sein, in der das Alte enden und das Neue noch nicht begonnen haben würde, und wir würden viele unserer Leute und unsere Traditionen verlieren. In den letzten hundert Jahren hatten wir bereits festgestellt, dass es immer weniger Bauern gab, die die alten Brauchtümer und die Gebiete, in denen die Naturgeister lebten, respektierten. In Irland wurden die Wälder abgeholzt, und die Elfen hatten Schwierigkeiten, einen Platz zum Leben zu finden, obwohl wir im Westen das Glück hatten, damit nicht konfrontiert zu sein. Doch die Barden erzählten uns, dass es auf der anderen Seite des Meeres, in Britannien, noch schlimmer war, außer im Westen und im Norden der Insel. Wir wussten also, dass sich die Zeiten ändern würden.

Ich wollte Teil des Neuen sein und spürte, dass es weder den Elementarwesen noch den Menschen helfen würde, beim Alten zu bleiben. Ich wusste in meinem Inneren, dass die Elementarwesen mit den Menschen auf eine neue Art und Weise zusammenarbeiten mussten und dass es keine Lösung war, wenn wir uns wegduckten. Im Westen, wo ich lebte, hatten Menschen und Elementarwesen eine Art gegenseitiges Verständnis und sogar Respekt, aber es gab nur selten wirkliche Interaktion. Sicher, wir waren Menschen begegnet, die das zweite Gesicht hatten und mit uns sprachen, aber die Menschen verloren ihr zweites Gesicht immer mehr. Das geschah, weil sie sich mehr für neumodische Dinge wie Maschinen interessierten als für Gespräche mit den Elementarwesen und die Liebe zur Erde. Sowohl die Menschen als auch die Naturgeister kümmerten sich nur noch um sich selbst. Es gab nicht mehr so viel für uns zu essen, und unsere Häuser und unser Land wurden uns weggenommen.

Lange Rede, kurzer Sinn: Ich suchte nach einer Veränderung. Die Alten konnten mir nicht helfen, da sie die Hüter des Alten waren, und Pa war einverstanden, dass ich meinen eigenen Weg fand. Er war nicht wirklich glücklich darüber, aber es war in Ordnung. Ich hatte das Glück, in diese Familie hineingeboren zu werden, und er hatte ja noch einen zweiten Sohn, der sein traditionelles Handwerk weiterführen würde. Elementarwesen gehen nicht wie Menschen zur Schule. Wir lernen von unseren Eltern und gehen von klein auf in die Lehre – zumindest war das damals so. Auf diese Weise werden unsere Traditionen weitergegeben. Wir Elementarwesen erben das Gedächtnis aller vorangegangenen Generationen, und in den alten Tagen hatten eure menschlichen Barden ein ebenso langes Gedächtnis wie wir und konnten lesen, was die Menschen die »Akasha-Chronik« oder das »Buch des Lebens« nennen. Alle Elementarwesen können es lesen, wenn sie wollen, aber die meisten wollen das nicht; sie wollen nur den Stammbaum ihrer eigenen Familie und den Handel, den sie betreiben, am Leben erhalten und dieses Wissen weitergeben. Wir lernen also schon auf dem Schoß von Ma und Pa.

Ich wurde auf Achill geboren, aber als ich Pas Beruf nicht ergreifen wollte, begab ich mich auf Wanderschaft. Ich ging in den Süden Irlands, in die Gegend der Seen, um herauszufinden, was andere Elementarwesen über ihr Land zu sagen hatten und was mit ihnen geschah. Aus ihren Berichten erfuhr ich, dass die Elfen in Bedrängnis gerieten, weil ihre Wälder abgeholzt wurden, was sie in kleinere Gebiete zwang. Dies führte dazu, dass die Elfenkönige immer mehr Kriege untereinander führten, in denen sie Mitglieder ihrer eigenen Art töteten. Auch die Menschen töteten ihre eigenen Leute, um Platz für jene zu schaffen, die ihren Traditionen anhingen. Als ich das erfuhr, machte mich das sehr unglücklich.

Auf meinen Reisen traf ich viele der Alten, und ich hörte besonders gern den Barden der Naturgeister und der Menschen zu, wenn sie ihre Geschichten erzählten. An manchen Abenden setzte ich mich in eine Kneipe, um den Barden der Menschen zuzuhören, die von Kriegen und berühmten Persönlichkeiten, etwa den Königen und Königinnen erzählten. Um ehrlich zu sein, versuchte ich auch, mich am Torffeuer zu wärmen und ein wenig Guinness zu trinken. Wenn ein Einheimischer sein Pint trank, trank ich am Ende einen kleinen Schluck. Elementarwesen können die Essenz – das Gute – aus der Nahrung nehmen, und ich nahm das Gute aus dem Guinness. Aber ich habe eine gewisse Moral. Wenn ich mir also einen Schluck von dem Bier dieses Kerls gönnte, stieß ich anschließend sein Glas um, damit er nicht trinken musste, was ich gerade getrunken hatte.

Ich saß gern in Kneipen und hörte mir die Geschichten an, und ich habe viel gelernt. Ich kann es nur empfehlen. Dadurch begann ich, mich mehr für die Menschen zu interessieren, und mir wurde klar, dass die meisten von euch wie wir sind – Menschen, die bloß danach trachteten, am Leben zu bleiben und das Beste für ihre Familien zu tun. Es gab Bauern, die über Probleme wie Missernten, zu viele Kinder und zu wenig zu essen sprachen, über die Hungersnöte und Probleme mit den Kartoffeln.

Wenn Sie jetzt nachrechnen, werden Sie wissen, dass ich zu Beginn dieser schweren Zeiten geboren wurde, so dass Sie sich vielleicht fragen, wie ich als junger Mann all das sehen konnte. Ich werde es klarstellen. Naturgeister können in Raum und Zeit reisen und sind nicht wie Menschen an Zeit und Ort gebunden. Daher konnte ich zurückreisen und

Teil dieser Zeit sein, die so viele Menschen betraf. Außerdem trat die Kartoffelfäule in den 1870er-Jahren erneut auf – zwar nicht so schlimm wie damals, aber doch so schlimm, dass ich sie in den früheren 1840er-Jahren erleben wollte. Also ging ich in der Zeit zurück. Wie auch immer, ich fahre mit meiner Geschichte fort.

Man sah ein Feld nach dem anderen der Kartoffelfäule anheimfallen, und ganze Familien waren mit Pferd und Wagen unterwegs oder trugen ihr Hab und Gut auf dem Rücken. Sie waren auf der Suche nach Arbeit, um nicht zu verhungern, und das war eine sehr traurige Zeit. Einige reiche Leute halfen und gaben ihnen Arbeit und Lebensmittel, vor allem am Anfang, als sie nicht wussten, wie schlimm es werden würde. Aber als die Knollenfäule auf ihre eigenen Felder übergriff, wurden sie nervös, wenn sie Fremde und Kranke sahen, weil sie fürchteten, diese könnten die Krankheit einschleppen.

Es war eine verheerende Zeit in der irischen Geschichte, und auch ich hatte nicht viel zu essen. Ich wurde ziemlich dünn, aber wir Elementarwesen können lange Zeit ohne Essen auskommen. Wir sind nicht so empfindlich wie die Menschen. Wir können uns immer von der Sonne, von Pflanzen und sogar von Luft ernähren. Wir waren also nicht in der gleichen schrecklichen Verfassung wie einige eurer Leute.

Nach und nach begegnete ich weiteren reisenden Elementarwesen. Ich entdeckte, dass ich nicht als einziger unterwegs war, herauszufinden, was das Neue sein würde. Das war ein wenig seltsam, denn Naturgeister sind im allgemeinen nicht so. Wir mögen lieber an dem Ort bleiben, an dem wir geboren wurden. Mit der Zeit stellte ich fest, dass viele der Elementarwesen, die ich traf, recht kundig waren, und wir begannen, uns zu unterhalten. Auch das war nicht normal. Normalerweise bleiben Leprechauns bei Leprechauns und Elfen bei Elfen. Aber hier unterhielt ich mich mit einem Elf oder einem Kobold oder einer Feldfee, und ich fand neue Freunde.

Ich erinnere mich: Als das Alleinsein noch neu für mich war, stieß ich eines Abends, als die Dämmerung hereinbrach, auf ein Lagerfeuer direkt an der Straße. Als ich näher heranging, mich aber trotzdem in acht nahm und leise war, sah ich eine gemischte Gruppe von Elementarwesen, die sich alle an der Wärme erfreuten. Der Kobold sah mich, denn Kobolde haben die schärfsten Augen, und er winkte mich heran. »So, Freund, komm und setz dich zu uns.«

»Gerne doch«, erwiderte ich und trat näher, obwohl ich angesichts der glotzenden Blicke etwas nervös war.

Ein älterer Elf – auf jeden Fall älter als ich, aber das war nicht schwer, denn ich war ja noch jung, – winkte mich zu einem Platz an seiner Seite. »Du bist herzlich eingeladen, mit uns zu essen, denn wir haben heute Glück mit den Spenden der örtlichen Bauern.«

»Das ist weit hergeholt«, sagte der Kobold, der mich empfangen hatte. »Sie werden bis zum Morgen nicht wissen, dass es eine Spende war.«

»Wir haben ein Recht darauf«, erklärte ein kräftiger Bursche, ein junger Troll, als er seine Schüssel in die Hand nahm und mit gesenktem Kopf zu schlürfen begann.

»Ich wüsste gern, ob ihr zusammen reist«, sagte ich voller Neugier, wollte aber nicht aufdringlich sein.

»Ab und zu«, antwortete der Elf und reichte mir etwas Brot und Nüsse. Es war leicht zu erkennen, dass er ein Waldelf und kein königlicher Elf war, denn er war in matte Grün- und Brauntöne gekleidet, die sich gut in den Wald einfügten. »Es hängt davon ab, wohin der Wind uns ruft und wohin unsere Füße uns tragen«, fügte er lächelnd hinzu, während er in sein Brot biss.

An seinem Akzent konnte ich erkennen, dass er aus dem Süden stammte, ich schätzte, nicht allzu weit von unserem Lagerplatz entfernt. Warum wanderte er dann in seinem Heimatgebiet umher, dachte ich, war aber zu höflich, um zu fragen. Elementarwesen sind jedoch sehr gut darin, die Gedanken anderer zu hören, und so nahm er meine unausgesprochene Frage sofort auf.

»Ich habe mich gewissermaßen zum Hüter der Reisenden ernannt«, erklärte er. »Du hast recht, ich befinde mich auf dem Land, das ich am besten kenne. Wenn ich also fremde Elementarwesen auf Reisen sehe, fühle ich mich verpflichtet, ihnen zu helfen und ihnen einige Fertigkeiten beizubringen.

Ich höre zum Beispiel an der Art wie du sprichst, dass du aus dem Westen kommst und dass du neu auf der Straße bist.«

Ich war ein bisschen beleidigt, dass ich wie ein Anfänger aussah. Wir Leprechauns sind bei solchen Dingen empfindlich, besonders bei Fremden. Die anderen konnten sehen, dass ich verärgert war, und der Kobold begann zu lachen. »Nimm es nicht persönlich, Kleiner«, grinste er. »Wir fangen alle irgendwo an, und es ist gut, dass du heute Abend auf uns Weltenbürger triffst, die dir auf den richtigen Weg helfen.« Bei diesen Worten brach er in Gelächter aus und klopfte sich auf die Schenkel, erfreut darüber, einen Leprechaun gedemütigt zu haben.

»Nimm es ihm nicht übel«, warf der Elf ein im Bemühen, den Frieden zu wahren. »Kobolde lieben es, eine Schwäche zu finden, um ihre Zunge hineinzustecken. Conor hier war vor ein paar Monden noch nicht so erfahren, dass er zu lachen gehabt hätte.«

Mit den Worten des Elfen wurde Conor feuerrot und wandte seine Aufmerksamkeit dem Essen zu. Ich verstand den Wink und stürzte mich mit großem Appetit ebenfalls auf das Brot. So lernte ich meine ersten Elementarwesenfreunde kennen, die sich später unserer Gruppe anschlossen. Von ihnen und anderen erfuhr ich mehr über die traditionelle Lebensweise der verschiedenen Arten von Elementarwesen aus verschiedenen Teilen des Landes und darüber, wie sich das Leben für uns alle veränderte. Diese Elementarwesen hatten dieselbe Idee wie ich: Sie wollten sich an der Schaffung des Neuen beteiligen, um die Wohnstätten und Lebensweisen der Naturgeister zu erhalten. Allerdings waren die Elementarwesen, die ich traf, gespalten. Nicht alle von ihnen wollten mit den Menschen zusammenarbeiten. Vielleicht die Hälfte hielt die Menschen sogar für das Problem, das um jeden Preis gemieden werden sollte. Aber die andere Hälfte hatte auf Bauernhöfen gelebt, wo die Menschen einigermaßen anständig waren, und sie hatten ein wenig Vertrauen zu ihnen gefasst. Vielleicht wussten diese Elementarwesen aber auch, dass es keinen anderen Weg gab.

Wenn ich einem Elementarwesen zum ersten Mal begegnete, wusste ich ziemlich bald, in welche Richtung die Stimmung schlug – hin zu den Menschen oder weg von ihnen. Ich beschränkte meine Zeit mit denjenigen Naturgeistern, die nichts mit ihnen zu tun haben wollten. Diese Elementarwesen nutzten ihre Energie für Wut und Negativität und suchten nach Möglichkeiten, die Menschen zu behindern und ihnen noch mehr Probleme zu bereiten. Ich war der Meinung, dass sie schon genug Probleme hatten, auch ohne dass wir noch mehr verursachten. Sie würden wahrscheinlich eher eine helfende Hand brauchen. In dieser Hinsicht war ich wie Pa und Ma. Ich war in der Nähe von Menschen aufgewachsen und hatte daher etwas mehr Vertrauen, aber in manchen Gegenden Irlands hatten die Elementarwesen schon lange nicht mehr in der Nähe von Menschen gelebt oder sie hatten erst kürzlich Probleme mit ihnen gehabt. Hätten diese wütenden Elementarwesen jedoch ihr Ahnengedächtnis angezapft, hätten sie sich an die Zeit erinnern können, als Menschen und Naturgeister noch miteinander auskamen, aber das wollten sie nicht. Das ist es, was Wut anrichten kann. Sie kann für die Wahrheit blind machen.

Die Zeit schritt voran und ich war schon ein paar Jahrzehnte unterwegs, aber ich war immer noch ein junger Mann. Ein paar Jahrzehnte sind für Elementarwesen wie ein paar Jahre für euch. Außerdem war eure Lebensspanne damals noch kürzer als heute, so dass ein ziemlicher Unterschied zwischen den Lebensspannen von Menschen und Elementarwesen bestand. Ungefähr zu dieser Zeit, als viele von uns sich fragten, wie wir mit Menschen zusammenarbeiten könnten, hörte ich von Menschen, die mit Elementarwesen zusammenarbeiten wollten.

Nun, am besten werde ich ein kleines Detail erläutern: Vor den letzten paar Hundert Jahren gab es viele Menschen, die in die Welt der Naturgeister eintraten, weil früher der Schleier zwischen unseren Welten recht dünn war; die Portale zwischen den beiden Welten waren leichter zu durchschreiten. Menschen können, wie Elementarwesen, manifestieren, woran sie glauben, und viele von euch glaubten an uns und kannten Portale, durch die man in die Welt der Elementarwesen gelangen konnte. Viele Barden gingen hinüber, um bessere Geschichten zu hören und zu lernen, Harfe zu spielen und zu singen. Wir sind Experten in diesen Künsten, und die Menschen haben noch einen langen Weg vor sich. Barden gehörten also zu den Menschen, denen wir damals am ehesten begegneten. Außerdem reisten eure Barden früher durch ganz Europa und sammelten Geschichten. Sie waren oft allein unterwegs, so dass es einfacher war, sie anzusprechen. Ihrerseits waren sie ebenfalls an einem Gespräch mit einem kundigen Elementarwesen interessiert. Vielleicht sollte ich erwähnen, dass es immer wieder Elfen gab, die eine Vorliebe für Menschen hatten und die nichts lieber taten, als sie zu verführen und in unsere Welt zu bringen. Auf diese Weise sind sie vor dem, was ihr das »19. Jahrhundert« nennt, in unsere Welt gekommen, und das schon seit ein paar Tausend Jahren.

Aber in den späten 1800er-Jahren betrat eine neue Art Mensch unsere Welt der Elementarwesen. Diese Menschen wollten die Elementarwesen stärken und Brücken zwischen unseren beiden Welten bauen. Denn diese Brücken bröckelten mit dem Zusammenbruch der Traditionen, und aus diesem Grund begannen die Portale, sich zu schließen. Diese Menschen versuchten, die Portale offenzuhalten.

Wir Elementarwesen hatten Menschen getroffen, die wir als »heilende« Menschen bezeichneten – sowohl in unseren Gemeinschaften als auch auf Reisen. Sie sagten, dass sie gerne mit Naturgeistern arbeiten würden, und im Laufe einiger Jahrzehnte wurde dies zu einem starken Thema. Ich begann zu sehen, dass dieselben Elementarwesen und dieselben Menschen an denselben Orten auftauchten. Wenn bei den Elementarwesen so etwas passiert, nennen wir es einen Kraftknoten, und wir werden von diesen Kraftknoten angezogen. Aus diesem Grund wollten wir mit diesen heilenden Menschen sprechen, um zu hören, was sie uns rieten.

Inzwischen hatten wir unterwegs alle Geschichten zusammengetragen und begonnen, unser eigenes Projekt zu entwerfen. Wir hatten uns schon lange von unseren Traditionen entfernt, und so begannen wir gewissermaßen, unsere eigene Tradition zu bilden. Wir entwickelten ein anderes Lebensziel und dachten, dass Menschen und Elementarwesen vielleicht auf eine neue Art und Weise zusammenarbeiten könnten. Einer der »heilenden« Menschen war Rudolf Steiner, der Begründer der Anthroposophie, den einige von Ihnen kennen. Als wir ihn kennenlernten, war er noch nicht so alt. Erst in seinen Dreißigern, würde ich sagen. Aber er war sehr eifrig und ein fleißiger Mensch. Jedenfalls habe ich mich oft mit ihm unterhalten.

Meine-Gruppe

Ich möchte über die Gruppe sprechen, die sich bildete und die ich als Meine-Gruppe bezeichnen würde. Wir waren hauptsächlich Waldelfen, Leprechauns, Feldfeen und Heinzelmännchen, aber auch einige Trolle waren aus dem Norden gekommen, und es gab ein paar königliche Elfen. Wir hatten auch ein paar Kobolde in unserer Gruppe. Ich meine »ein paar«, denn im großen und ganzen sind Kobolde den Menschen gegenüber nicht freundlich gesinnt, weil ihr in früheren Zeiten in ihre Evolution eingegriffen habt. Aus diesem Grund leben die Kobolde lieber in der Wildnis, weit weg von menschlichen Siedlungen. Wenn Kobolde in eurer Nähe leben, ist es eine ihrer Lieblingsbeschäftigungen, sich Spiele auszudenken, mit denen sie euch zum Narren halten können. Sie wetteifern darin, clevere Spiele zu entwickeln, um euch zum Stolpern zu bringen.

Wenn ich von Stolpern spreche, meine ich zum Beispiel, dass die Kobolde auf einer Landstraße Wettbewerbe veranstalten, um zu sehen, wie viele Menschen sie in einer Woche oder in einem Monat zum Stolpern bringen können. Wenn Sie also nicht aufpassen, wo Sie hintreten, könnte ein Kobold Sie in ein Schlagloch lenken, so dass Ihre Schuhe nass werden. Oder die Kobolde bringen Sie auf einer Straße zum Stolpern, so dass Sie hinfallen und sich kleine Verletzungen zuziehen. Wir sprechen nicht von Verstümmeln oder Töten, nur von Stolpern. Das Spiel heißt eigentlich Menschen-Stolpern. Das ist einer der Zeitvertreibe der Kobolde.

Es gibt auch Kobolde, die in einer Kneipe herumhängen und darin wetteifern, wer das Bier trinken kann, bevor die Menschen es bekommen oder bevor der Mensch es zum Mund führt, wenn es vor ihm steht. Und die mutigsten Kobolde klettern vielleicht sogar auf den Tresen, um sich das Bier zu holen, während es in den Krug gegossen wird. Aber in der Regel endet das in einer schlimmen Sauerei.

Sie fragen sich vielleicht, was ihr Wetteinsatz war. In unserem Königreich verwenden wir Gold als Geld, und jeder Kobold setzt ein Goldstück, und ein »neutraler« Kobold wird bestimmt, darüber zu urteilen, welcher Kobold den Wettbewerb gewinnt. Der Richter, der einen Knüppel in der Hand hält, klettert auf den Tresen und schlägt ihn dem Menschen auf den Kopf, das ist ebenso Teil des Spiels. Plötzlich hat der Mensch starke Kopfschmerzen und fragt sich, woher sie kommen. Schließlich zeigt der Schiedsrichter an, wer die Wette gewonnen hat.

Vielleicht denken Sie, ich hätte es auf Kobolde abgesehen. Leprechauns und Kobolde sind dafür bekannt, dass sie in so ziemlich allem miteinander konkurrieren, denn wir halten uns beide jeweils für die Klügsten. Doch um ehrlich zu sein, obwohl ich gerne die Leprechauntradition hochhalte, habe ich eine Schwäche für manche Kobolde, wie Sie im weiteren Verlauf meiner Geschichte feststellen werden.

Apropos Leprechauns: Man würde keine weiblichen Leprechauns auf Reisen antreffen, da dies streng gegen unsere Traditionen verstößt, aber die meisten reisenden Elementarwesen sind ohnehin männlich. Gelegentlich sieht man eine weibliche Elfe – eine Waldelfe –, denn eine weibliche königliche Elfe muss Kutschen und Diener haben, und die Art, wie wir anderen auf der Straße leben, ist etwas zu rauh und unruhig für solche Leute. Eine weibliche Waldelfe hingegen kann sich selbst versorgen und sich ihre Mahlzeiten selbst beschaffen, also gibt es von ihnen einige auf Wanderschaft.

Einmal trafen wir jedoch eine weibliche königliche Elfe, die wie eine Waldelfe gekleidet war. Wir Jungs konnten den Unterschied natürlich sofort erkennen, aber sie hatte so viel Spaß daran, so zu tun, als wäre sie eine Waldelfe, dass wir sie ihr Spiel genießen ließen und sie willkommen hießen. Und so geschah es: Mein Leprechaunfreund Shamus und ich waren auf dem Weg durch den Wald, als eine weibliche Elfe hinter einem Baum hervorkam und uns ansprach.

»Hallo Leute«, rief sie und winkte.

Das war der erste Hinweis darauf, dass sie nicht ehrlich war. Elfen schleichen sich an und sind so leise, dass man sie erst dann aus dem Wald kommen hört, wenn sie an deiner Seite sind. Sie war in Braun und Grün gekleidet und größer als eine gewöhnliche Waldelfe.

»Wartet«, war ihr nächster Ausruf, während sie auf uns zuging.

Das Problem war, dass ihre offensichtlich neuen Schuhe wohl noch keinen Schritt getan hatten und Mühe hatten, ihren Bewegungen zu folgen. Mein Freund stupste mich in die Rippen, ein sicheres Zeichen, dass er ihr Spiel durchschaut hatte, aber mitspielen wollte.

»Na, hallo Süße«, rief Shamus. »Warum begleitest du uns nicht?« Es gab in dieser Anrede zwei wichtige Hinweise, die zeigten, dass wir ihre Nummer durchschaut hatten. Erstens würde man eine Waldelfe, egal ob weiblich oder männlich, niemals mit »süß« ansprechen. Sie können besser jagen und laufen als jeder Leprechaun oder Troll und finden sich auch besser in fremden Umgebungen zurecht, also behandelt man sie mit Respekt. Zweitens: Wenn sie eine königliche Elfe wäre, müssten wir »Meine Dame« zu ihr sagen, während wir uns niederwerfen und verbeugen. Da sie aber ihr Spiel spielte, beschlossen wir, so zu tun, als wäre sie ein Leprechaunmädchen und eine von uns, ganz zwanglos.

»Meine Herren«, wandte sie sich an uns und versuchte, ihre Würde wiederzuerlangen, »wenn Sie nichts dagegen haben, würde ich Sie gerne eine Weile begleiten.«

»Keineswegs, Süße«, sagte Shamus und streute Salz in die Wunde. »Wir werden in Kürze anhalten, und du kannst an unserem Lagerfeuer sitzen, wenn du willst. Aber ich bin neugierig, wo du hinwillst.«

»Hier und da«, antwortete sie vage. »Ich dachte, ich nehme mir eine Auszeit von der Jagd, dem Pilzesammeln und anderen Waldarbeiten und schaue, was bei den anderen Leuten so los ist.«

»Uns geht es ähnlich«, sagte ich und versuchte, ihr mehr entgegenzukommen, als es mein fieser Freund tat. »Wir wollen herausfinden, was in der Menschenwelt gerade passiert und wie Elementarwesen davon betroffen sind. Und vor allem, was wir dagegen tun können.«

»Genau«, antwortete sie und atmete erleichtert auf, weil sie sich akzeptiert fühlte.

Doch Shamus war noch nicht fertig mit seinen Neckereien. »Ich bin sehr froh, dass du dich uns angeschlossen hast, denn wir sind beim Pilzesammeln und bei der Nahrungssuche im Wald hoffnungslos im Hintertreffen, und da du eine Expertin bist, kannst du das Sammeln übernehmen und wir teilen unser Brot.«

In ihren Augen stand blanke Angst davor, ihre Behauptung, eine Waldelfe zu sein, beweisen zu müssen, also hatte ich Mitleid. »Ich bin auch nicht schlecht im Pilze sammeln und ich werde unser Mädchen in den Wald begleiten, um es ihr zu zeigen.« Mit diesen Worten gab ich ihr ein Zeichen, mich zu begleiten, und machte mich auf den Weg zu den Bäumen, wobei ich ihr über die Schulter zurückrief. »Du schlägst das Lager auf, Shamus, wir bringen die Pilze mit.«

War sie erleichtert! Sie folgte mir auf Schritt und Tritt, blieb stehen, wo ich stehen blieb, schaute, wo ich hinschaute, und pflückte, wo ich pflückte. Am Ende hatte sie eine gute Menge Pilze, und ich muss sagen, dass ich ihr als Gentleman die besten zum Pflücken überlassen hatte. Allerdings passte ich genau auf, dass sie keine besonderen Pilze sammelte, die uns auf eine Reise in andere Gefilde schicken würden. Auch wenn Druiden diese aßen, um »mit den Elfen fortzugehen« und mit dem Universum zu kommunizieren, so gab es doch die richtige Zeit und den richtigen Ort dafür, und da sie ohnehin schon in einer seltsamen Verfassung war, war es am besten, sie nicht in Gefahr zu bringen. Als sie nach einer Stunde aufschaute, merkte ich, dass sie keine Ahnung hatte, wo wir waren und wie sie den Weg zurück zu unserem Lager finden sollte.

»Ich glaube, wir haben genug. Was meinst du?« fragte ich.

»Sicher, großartig«, erwiderte sie abgelenkt und ging weiter im Kreis und starrte in die Bäume.

»Führst du uns zurück?« fragte ich, da ich nicht widerstehen konnte, mir einen kleinen Spaß zu machen.

»Ähm, äh, es wäre gut, wenn du vorangehen würdest. Da ich so groß bin, könnte ich dir die Sicht versperren«, antwortete sie auf der Suche nach einer Ausrede.

»Da hast du recht, Süße«, antwortete ich in dem Wissen, dass es für eine weibliche königliche Elfe ziemlich eigentümlich war zu tun, was sie gerade tat.

Und so wanderten wir ein paar Tage mit ihr, teilten unser Lagerfeuer und nahmen sie sogar in eine Kneipe mit. Die Kleine war sehr bemüht, also machten wir es ihr leicht. Sie passte nicht zu den anderen königlichen Elfen, und ich glaube, sie war interessiert, die Menschen besser kennenzulernen. Wenn ich mich nicht irre, hat sie wohl sogar einen gutaussehenden Menschenmann, auf den sie eines Abends in der Kneipe ein Auge geworfen hatte, verführt und ihn für eine Weile mit in ihr Reich mitgenommen, auf eine Spritztour, wie wir sagen, und weder sie noch er wurden je wieder gesehen.

Elementarwesen, die auf Wanderschaft waren, wie unsere süße königliche Elfe, waren alle etwas ungewöhnlich. Leprechauns sind ziemlich stämmig und nicht daran gewöhnt, an einem Tag eine große Strecke zurückzulegen, weshalb wir normalerweise weder mit männlichen noch mit weiblichen Elfen, weder mit königlichen noch mit Waldelfen, unterwegs sind. In der Tat waren viele von uns Elementarwesen allein unterwegs und trafen sich alle paar Wochen oder Monate an Kraftknoten.

Sie fragen sich, was es mit diesen Kraftknoten auf sich hat, habe ich recht? Menschen haben die Bezeichnung »Leylinien« oder »Drachenlinien«. Wo immer sich diese magnetischen Linien auf der Erde kreuzen, befindet sich ein Kraftknoten. Wie auch immer, alle Wesen, ob sie sich dessen bewusst sind oder nicht, werden von Kraftknoten angezogen oder abgestoßen, und wir haben festgestellt, dass Menschen mit Vorliebe Tempel und dergleichen an ihnen bauen. Wir Elementarwesen versammeln uns gerne bei ihnen, da unsere Verbindung zu den universellen Kräften dort stärker ist. Auch unsere Rituale und heiligen Zeremonien führen wir gerne dort durch. Nichts lag also näher für wandernde Naturgeister, als sich an diesen Knotenpunkten zu treffen und sich über ihre Erlebnisse auszutauschen. Auf diese Weise lernten wir die anderen kennen, nicht beim gemeinsamen Wandern.

Ich genoss es, mit Shamus, meinem Leprechaunfreund aus den Midlands, zu wandern. Er kam aus dem Westen und ich aus dem Osten, und wir trafen uns eines Tages an einem dieser Knotenpunkte. Er war schon genauso lange unterwegs wie ich, und wir kamen ins Gespräch. Es macht mir nichts aus, Ihnen den Namen meines Freundes zu nennen, denn ich glaube nicht, dass Sie versuchen werden, Verbindung mit ihm aufzunehmen.

Shamus stammte aus einer Bauerngemeinde, in der es nicht die besondere Gänseart gab wie auf Achill, und da er Gänse liebte, besuchte er meine Insel gern. Shamus war auf einem Bauernhof aufgewachsen, wo es mehr Menschen gab als in unserer Familie, und er kam aus denselben Gründen wie ich auf die Insel. Auch er hatte sein Zuhause verlassen, um herauszufinden, was er tun wollte… entweder einen Weg finden, mit Menschen zu arbeiten, oder nach Hause gehen, ein Leprechaunmädchen freien, sich niederlassen und eine Familie gründen. Wir sprachen immer davon, dass dies eines der großen Dilemmas ist, vor denen wir stehen. Wir bangten beide vor der Frage, wie es wäre, wenn wir uns völlig von der traditionellen Lebensweise der Leprechauns lösen würden. Wir fragten uns, ob wir geächtet und aus unseren jeweiligen Leprechaungemeinschaften ausgestoßen würden. Das bereitete uns beiden Sorgen und war der Hauptgrund für unser Zögern, uns auf eine Partnerschaft mit Menschen einzulassen.

Shamus und ich beschlossen etwa zur gleichen Zeit, nach Hause zurückzukehren und zu sehen, wie schwer es fiel, sich wieder in die Gemeinschaft der Leprechauns einzugliedern, und vor allem, ob wir das überhaupt wollten. Und, noch besser, ob es eine Möglichkeit gab, dass wir alles haben konnten, was wir wollten. Leprechauns gehen immer auf Nummer sicher, und wenn wir es einrichten konnten, wollten wir sowohl ein Leben auf Wanderschaft als auch eine Heimatgemeinschaft. Deshalb beschlossen Shamus und ich, nach Hause zurückzukehren, aber in Kontakt zu bleiben. Da Elementarwesen in Raum und Zeit reisen können, war das kein Problem. Er konnte zu mir kommen oder ich würde zu ihm gehen, um herauszufinden, was wir beschlossen hatten.

Aber ich bin vom Thema abgeschweift. Ich wollte über die Begegnung mit Rudolf Steiner sprechen. Er war wie wir auf der Suche nach einem Weg, zu dienen. Er war einer der heilenden Menschen, die in unsere Welt gekommen sind, nicht nur in diesem Leben, sondern auch in anderen Leben. Wir konnten das an ihm ablesen, denn wir können alle menschlichen Leben an Ihnen ablesen. Nur, um das mal zu erwähnen… Manchmal denken Sie, dass Sie die einzigen sind, die reinkarnieren, aber wir Elementarwesen reinkarnieren ebenfalls. Das heißt, wenn wir überhaupt daran interessiert sind – normalerweise sind es eher die Elfen, Leprechauns, Kobolde und Trolle, die Individuen mit freiem Willen werden wollen. Und warum? Weil wir unseren freien Willen entwickeln müssen, um zu vollständigen Schöpfern zu werden, wie es die Menschen sind.

Wie Sie vielleicht wissen, sind die Elementarwesen Experten im Formen. Wir sind ätherische und astrale Wesen und bauen Formen auf, indem wir mit dem Äther arbeiten, aus dem alle Formen gemacht sind. Naturgeister tun dies instinktiv und folgen den Mustern, die bereits im Äther existieren. Wir identifizieren uns stark mit der Zugehörigkeit zu einer Gruppe, also folgen wir den Mustern, die unsere Art bereits festgelegt hat. Aber wenn wir älter werden, weil wir Hunderte von Jahren leben, kann es sein, dass wir uns mit der Erschaffung der immer gleichen Muster langweilen und den Wunsch entwickeln, etwas Neues zu erschaffen. Das ist der Beginn der Individuation, und manche Elementarwesen haben den Wunsch, über ihr jetziges Leben hinaus zu leben, damit sie in einem anderen Leben neue Formen erschaffen können. All diese Wünsche werden im Äther gespeichert, und die großen Wesen, die die Evolution der Elementarwesen überwachen, geben uns, was wir uns wünschen. So erhalten wir ein weiteres Leben.

Wenn wir dann reinkarnieren, beginnen wir, einen stärkeren Mentalkörper und ein Ego zu entwickeln, so wie ein Mensch ein Ego hat. Wir fangen an, bewusst daran zu arbeiten, unsere einzigartige Persönlichkeit aufzubauen, komplett mit einem physischen, emotionalen und mentalen Körper. Das dauert Ewigkeiten, denn es sind viele Leben nötig, um dieses Ziel zu erreichen. Und deshalb übernehmen nur gut entwickelte Elementarwesen wie Elfen, Leprechauns und Kobolde diese Aufgabe. Wir dürfen nicht vergessen, dass Elementarwesen von Natur aus Wesen des Spaßes und der Freude sind. Was ich hier beschreibe, ist harte Arbeit. Kein Zweifel. Deshalb ist es auch nicht für jeden von uns das Richtige.

Mein Vater hat sich mehrmals reinkarniert, mein Bruder nicht so oft. Mein Vater wollte einen jungen Mann haben, der seiner Tradition folgt und Schuster wird. Er wusste schon vor meiner Ankunft, dass ich es nicht sein würde, dass ich eigensinnig sein würde und meinen eigenen Weg gehen wollte. Sie sehen, Elementarwesen können lesen, welche Art von Kindern sie bekommen werden. Wenn Naturgeister sich entscheiden, ein Kind zu bekommen, lesen sie im Äther, um die Auswahlmöglichkeiten zu sehen, und je weiter sie entwickelt sind, desto genauer können sie wählen, welches Kind sie haben wollen. Doch einige von uns ungeborenen Elementarwesen dort oben sind etwas hartnäckiger als andere, die geboren werden wollen, und so können wir dem Vater und der Mutter die Arme verdrehen, um die Familie zu bekommen, die wir wollen. Natürlich geschieht dies unter der Führung der großen Wesen, die unsere Entwicklung überwachen.

Mein Bruder war nicht annähernd so eigensinnig wie ich, und deshalb akzeptierten Ma und Pa je einen. Sie bekamen einen, der der alten Tradition folgen würde, meinen Bruder, und einen, der dem Neuen folgen würde, nämlich mich. Man könnte sagen, sie gingen auf Nummer sicher. Auf diese Weise musste meine Familie auf der Gewinnerseite landen, was auch immer passieren würde. Dafür zu sorgen, dass sie auf der Gewinnerseite landen, ist eine weitere Sache, die Leprechauns besonders gut können.

Manchmal kommen wir in der Evolution an einen Scheideweg, und man ist sich nie ganz sicher, welcher Weg erfolgreich sein wird, denn irgendwann sehen die Energien ungefähr gleich aus. Die Evolution durchläuft Höhen und Tiefen, aber in der Regel ist es der Weg, der die neue Ordnung bringt, der sich auf lange Sicht durchsetzt. Das kann man in der menschlichen Evolution sehen, aber es gilt ebenso für unser Elementarreich. Im Moment kommen wir aus einem kleinen Tief heraus und beginnen, Fortschritte in Richtung des Neuen zu machen. Das ist es, was mich am meisten interessiert.

Ich möchte euch erzählen, warum ich mich für meine Ma und meinen Pa entschieden habe. Wenn man ein Leprechaun ist, wird man natürlich in eine Leprechaunfamilie hineingeboren. Ich würde es nicht anders wollen, und die meisten Elementarwesen auch nicht, denn wir bleiben am liebsten bei unserer eigenen Art. Ma und Pa waren für Leprechauns ziemlich weit entwickelt, und deshalb haben sie sich überhaupt füreinander entschieden. Wir werden von denen, die mit uns zusammenpassende Frequenzen haben, magnetisch angezogen. Es war also so natürlich wie das Atmen, dass sie eine gute Verbindung eingehen würden.

Ebenso fühlte ich mich zu ihnen hingezogen, weil ich von den höheren Äthern aus sehen konnte, dass sie beide ein helleres Licht hatten als viele andere Eltern, die ich zur Auswahl hatte. Sie waren nicht nur gut entwickelt, sondern auch auf die richtige Weise für mich entwickelt. Sie waren flexibel, offen, tolerant und vorurteilsfrei – alles Eigenschaften, von denen ich wusste, dass ich sie in meiner Familie brauchte, um zu tun, was ich im kommenden Leben tun wollte. Allerdings wusste ich anfangs nicht, was das sein würde, aber ich wusste, dass ich die richtigen Zutaten brauchte, um die passende Form zu schaffen: das Leben, das ich brauchte. So arbeiten Elementarwesen mit dem Äther, um die Form zu schaffen, die sie wollen. Menschen tun das auch, nur wissen die meisten nicht, dass sie es tun.

Wir ziehen Leute und Gelegenheiten an – man nennt das Synchronizität –, und das ist mir passiert. Auf meinen Wanderungen traf ich Besucher aus anderen Ländern, die nach Irland kamen, um zu sehen, was hier los war. Das war sehr interessant. Aber vor allem: Nicht alle diese »Besucher« gehörten zu den Elementarwesen oder zu den menschlichen Evolutionen, sondern zu anderen Evolutionen.

Aber ich gehe besser zurück, sonst gehen Sie mir verloren. Ich vergesse manchmal, dass Menschen gar nicht sehen können, wovon ich in meiner Geschichte spreche. Für Elementarwesen erzeugen Worte Bilder, genau wie ein Hologramm. Wie auch immer, zurück zu dem, was ich damit meine, dass »andere Entwicklungen« unser Elementarreich besuchen. Ich habe vorhin von Steiner gesprochen, einem Menschen, der den Naturgeistern helfen wollte, und er ist nicht der einzige Mensch, dem wir in unserem Reich begegnet sind. Es gibt auch Wesen aus vielen anderen Evolutionen, die unsere Welt der Elementarwesen besuchen, und sie kommen als Helfer, Botschafter oder Beobachter. Meine Freundin Tanis und ich haben ein Buch mit dem Titel *Nicht ganz von dieser Welt* geschrieben, in dem wir über zweiundzwanzig verschiedene Arten von Wesen, einschließlich Elementarwesen, sprechen, die entweder in die menschliche Evolution inkarniert sind oder unsere Welt der Elementarwesen besucht haben.

Einige von ihnen sind Sternenwesen, wie unser großer Gott Pan, der Gott der Elementarwesen. Er war schon immer bei uns in den höheren Ebenen und hat uns bei unserer Evolution geholfen, und er ist in den letzten tausend Jahren oder so der Erde nähergekommen. Er ist unser Äquivalent zu eurem Christus. Pan hilft bei der Umsetzung der Veränderungen in unserer Evolution, die es uns ermöglichen, in die menschliche Evolution einzutreten, wenn wir uns dafür entscheiden und wenn wir eine ausreichend starke individuelle Identität haben, um uns nicht in der menschlichen Welt zu verlieren. Pan hilft auch der Gruppe, der ich angehöre, die Kraft zu entwickeln, mit den Menschen als Mitschöpfer und gleichberechtigte Partner zu arbeiten. Deshalb bin ich ihm besonders zu Dank verpflichtet.

Die Evolution der Elementarwesen verändert sich jetzt und arbeitet mehr als früher mit der menschlichen Evolution zusammen. Dies wird allmählich zu einem wichtigen Thema für uns, und ich muss sagen, dass ein großer Teil dieses Wandels auf die Gruppe zurückzuführen ist, der ich in den späten 1800er-Jahren angehörte. Damals begannen die Naturgeister, wirklich mit dieser Idee zu arbeiten. In meinen langen Jahren habe ich eine Menge erlebt. Obwohl ich für euch wie ein Mann mittleren Alters aussehe, stünde ich am Rande des Grabes, wenn ihr mein Leben in Menschenjahren rechnen würdet. Glücklicherweise bin ich in Leprechaunjahren immer noch gesund und munter, und ich hoffe, dass es noch eine ganze Weile so bleiben wird.

Den Hof machen

Ich war es leid, die irischen Straßen zu Fuß zu erkunden, denn zu diesem Zeitpunkt hatte ich das schon mehr als 20 Jahre lang getan. Es war Zeit für eine Pause. Meine Mutter und mein Vater lebten in Keel auf Achill, also überlegte ich, nach Hause zurückzukehren, um mich zu sammeln, bevor ich irgendwelche überstürzten Pläne machte. Das ist ein sehr leprechaunhaftes Verhalten, denn wir sind ein bedachtsames Volk. Ich war an einer Weggabelung angelangt. Entweder würde ich nach Achill zurückkehren und das Leben eines traditionellen Leprechauns führen und meinen Platz in der Gemeinschaft finden, oder ich würde eher ein Wanderleben führen und mit Menschen und anderen Elementarwesen zusammenarbeiten, um einen Weg zu finden, wie wir gemeinsam vorankommen können. Also dachte ich, bevor ich handle, gehe ich am besten zurück und denke nach.

So kam es, dass ich eines Tages die Crumpaun Lane entlangging und ein gemütlich aussehendes Cottage sah, aus dessen Schornstein der Rauch eines schönen Torffeuers aufstieg. Damals gab es noch ein paar andere Cottages in der Lane, aber dieses war eines der ältesten, und die anderen sind inzwischen verschwunden. Deshalb zog ich ins Crumpaun Cottage, wo ich immer noch wohne, und das war vor fast hundert Jahren. Das Cottage gibt es nur noch aus dem Grund, weil wir dafür gesorgt haben. Wir haben uns mit Menschen arrangiert, die sich um das Cottage kümmern und uns etwas Ruhe gönnen, damit wir gemeinsam weiterkommen können.

Ich sage jetzt »wir«, aber als ich nach Hause kam, war ich allein. Es gab kein »wir«, denn ich hatte noch keine Partnerin gefunden, kein weibliches Pendant, und unsere beiden kleinen Kinder waren noch nicht geboren. Trotzdem kam ich in das Alter, in dem für einen Leprechaun so etwas ansteht.

Wir haben Heiratsvermittlerinnen in unserer Gemeinde, und als ich nach Achill zurückkehrte, gab es eine Heiratsvermittlerin, die mit Ma und Pa darüber sprach, mich mit einer Partnerin zu verkuppeln. Das war lästig und lenkte mich ab, denn ich versuchte, meine Gedanken zu sammeln und war nicht wirklich auf der Suche nach einem Mädchen. Ich war gar nicht sicher, ob jemand zu mir passen würde, weil ich mich so sehr verändert hatte. Ma und Pa hofften, mich mit einer Traditionellen zu verkuppeln, die mich zu Hause halten würde, aber das war bloß ein Traum. Ich würde niemals traditionell sein, aber Sie wissen ja, wie Eltern sind, die Dinge nicht wahrhaben wollen.

Zufälligerweise gab es jedoch ein Leprechaunmädchen, das im Dorf herumlief und mir auffiel. Normalerweise bleiben die Mädchen zu Hause bei den anderen Frauen und gehen nicht viel aus. Aber dieses Mädchen ging allein spazieren, und sie sah aus, als wäre sie etwa in meinem Alter, und deshalb bin ich neugierig geworden. Nun, man sollte sich nicht anmerken lassen, dass man interessiert ist, denn sobald man das tut, steht die Heiratsvermittlerin vor der Tür, und man hängt am Haken.

Da ich nicht ganz dumm bin, richtete ich es so ein, dass ich zur selben Zeit wie sie spazieren ging. Auf diese Weise konnte ich sie mir im Vorbeigehen genauer ansehen oder, wie wir im Leprechaunland zu sagen pflegen, »ein besseres Gefühl für sie bekommen«. Diese Worte sprechen für uns die Wahrheit, denn wenn Elementarwesen einander begegnen, bekommen sie ein Gefühl dafür, wie die andere Person ist, welche Interessen sie hat und was sie nicht mag. In einem Sekundenbruchteil nehmen wir all diese Informationen auf und noch mehr. Das ist ein bekanntes Phänomen. Man könnte sagen, es ist Hellsichtigkeit, Hellhörigkeit oder Hellfühligkeit. Ich weiß, dass Menschen gerne diese Worte benutzen, aber wir würden sagen, es ist Wissen.

Als ich an ihr vorbeiging, konnte ich spüren, dass sie mich auch wahrnahm. Es war eine Art gemeinsames Unterfangen, denn wir hatten kein Wort gesagt und nicht angehalten, um zu reden, denn dann wäre es zu ernst gewesen. Wir wussten beide, dass wir uns füreinander interessierten, und wir mussten uns den nächsten Schritt überlegen, denn wir spürten, dass keiner von uns zu einem Partnervermittler gehen wollte. Unsere Art vorzugehen war sehr unkonventionell. Der Gedanke, nicht zu einer Heiratsvermittlerin zu gehen, um den bestmöglichen Partner zu finden, war in der Gemeinschaft der Leprechauns undenkbar, aber wir dachten beide das Undenkbare. Sie interessierte mich noch mehr, als ich herausfand, dass sie so mutig war, das Undenkbare zu denken. Das steigerte meine Wertschätzung für sie um ein Vielfaches.

Sie und ich schickten uns gegenseitig eine telepathische Nachricht, um uns zu treffen. Das war ein echter Bruch mit der Tradition, und wenn wir dabei erwischt würden, konnten wir eimerweise Ärger bekommen. Für sie war es schwieriger, weil die Leute daran gewöhnt waren, dass ich herumspazierte, aber sie als Mädchen musste sich eine Ausrede einfallen lassen, wenn sie das Haus verlassen wollte. Wie sich herausstellte, war das gar nicht so schwer, denn sie hatte bereits den Ruf, auf dem Land und im Dorf spazieren zu gehen. Dementsprechend sagte sie ihren Eltern, dass sie ein wenig frische Luft bräuchte, während sie mir telepathisch mitteilte, dass sie mich auf den Klippen von Minaun treffen würde, da dort oben um diese Zeit wahrscheinlich niemand sonst sein würde.

Als wir uns trafen, achteten wir darauf, dass wir einen guten Abstand zueinander hielten, damit, falls uns jemand erblickte, er nicht sah, dass wir uns berührten. Wie es sich gehört, begann ich das Gespräch mit: »Ich freue mich, Sie kennenzulernen und danke, dass Sie gekommen sind.«

Daraufhin antwortete sie: »Ich freue mich, Sie kennenzulernen, und danke, dass Sie gekommen sind.«

Bisher war das Gespräch nicht sehr aufregend, aber ich merkte, dass sie sich bemühte, anständig zu sein und sich ein wenig zurückzuhalten, und ich respektierte sie dafür um so mehr. Sie ging bereits ein großes Risiko ein und zeigte mir, dass sie kein Angsthase war und dass sie unser

Treffen ernst nahm. Ich brauchte sie nicht zu fragen, wo sie wohnte, denn ich hatte sie schon vorher aus einem Haus im Dorf kommen sehen, und so suchte ich nach etwas, das ich als nächstes sagen konnte.

»Wir haben schönes Wetter«, sagte ich. Das ist immer ein sicheres Thema und eine gute Art zu beginnen.

Sie antwortete: »Ja, schön, dass wir heute ein bisschen Sonne haben.«

Nun, ihre Bemerkung war bereits eine Abweichung, denn sie war unkonventionell. Sie wollte mir damit sagen, dass sie ihren eigenen Standpunkt zum Ausdruck bringen kann, und gleichzeitig zeigen, dass sie mit dem ersten Teil meiner Aussage einverstanden war. In diesem einfachen Gespräch steckte mehr, als man denkt, und man muss sich von einem Leprechaun übersetzen lassen, was wirklich gemeint ist.

Also dachte ich, ich gehe ein bisschen auf das ein, was mich wirklich interessierte, und erwiderte: »Ihr wisst es vielleicht nicht, aber ich bin schon seit einiger Zeit auf Wanderschaft.«

Daraufhin antwortete sie: »Das habe ich schon gehört.«

Was sie sagte, war völlig unbestimmt. Sie sagte nicht, sie fände meine Lebensweise gut oder schlecht. Was sie eigentlich ausdrückte, war: »Du musst weitermachen, Mann, und Stellung beziehen.«

Also fuhr ich fort und antwortete: »Ich habe eine Menge herausgefunden, als ich in der Welt umhergwandert bin.« Was ich eigentlich sagen wollte, war: »Du musst mich schon fragen, was es ist, und ich werde sehen, ob du genug Mumm dazu hast.«

Sie sagte: »Es würde mich interessieren, was Sie herausgefunden haben.«

Unglaublich, dass ich ein Mädchen gefunden hatte, das wie ein Mann dachte und sich ausdrückte. Ich gebe zu, dass ich im ersten Augenblick verblüfft war und nervös wurde, denn wenn ich mir eine Gefährtin nehmen würde, sollte sie zu Hause bleiben und nicht mit mir auf Wanderschaft gehen. Sie würde mir das Essen kochen, sich um das Haus kümmern und die Kinder großziehen, damit ich unterwegs sein konnte. Ich befand mich also in einem echten Dilemma. Ein Teil von mir dachte: Am besten drehst du um und läufst in die andere Richtung, Mann. Sie ist vielleicht zu viel für dich. Aber dann habe ich in mich hineingefühlt und festgestellt, dass ich bei allem, was ich in den letzten zwanzig Jahren getan hatte, ein Risiko eingegangen bin, also würde ich auch bei der Wahl einer Partnerin ein Risiko eingehen können.

Ich wusste, dass sie vernahm, worüber ich nachdachte, und ich konnte natürlich auch ihre Gedanken vernehmen. Sie war nervös und errötete und dachte, dass sie mit ihrem Versuch, mich für sich zu interessieren, ein wenig zu weit gegangen war. Sie war zittrig, weil sie sich für mich interessierte. Als ich das sah, ging mir das Herz auf und ich dachte: »Sie ist ein Schatz. Sie wird eine sein, an der ich mich festhalten kann. Eine, die mich so liebt, wie ich bin und nicht versucht, mich zu ändern. Sie geht diese Risiken ein, weil sie mich liebt.«

Ich fasste mir ein Herz und sagte zu ihr: »Mädchen, ich sehe, wir passen gut zusammen. Du hast genug Mut, das Leben zu leben, das du mit mir führen würdest, und ich habe genug Mut, dich darum zu bitten.«

Mir kommen schon beim Gedanken daran die Tränen. Die Menschen denken, dass Leprechauns keine starken Gefühle der Zuneigung für andere empfinden. Aber ich kann Ihnen sagen, dass wir sehr viel fühlen. Deshalb sprechen wir auch nicht oft über unser Privatleben, denn das ist uns zu persönlich, zu nah am Herzen. Deshalb halten wir unsere Gefühle lieber geheim. Dennoch weiß ich, dass es wichtig ist, meine Geheimnisse mit Menschen zu teilen, die meine Geschichte verfolgen, deshalb gehe ich das Risiko ein, sie Ihnen zu erzählen.

Das Mädchen und ich berührten uns nicht und hielten uns völlig rein, damit jeder, der uns begegnete, an unserer Energie nichts erkennen konnte. Unsere erste gemeinsame Entscheidung war, die Heiratsvermittlerin zu umgehen und uns direkt an unsere Eltern zu wenden. Wir beschlossen, mit meinem Vater und meiner Mutter zu beginnen, da sie es bereits kannten, dass ich eigensinnig war. Diese andere Art der Partnerwahl war nur eine weitere Verschrobenheit von mir. Sie hatten all die anderen seltsamen Dinge akzeptiert, also waren die Aussichten gut, dass sie auch unsere wenig traditionelle Art des Werbens akzeptieren würden.

So gingen wir gemeinsam zum Haus meiner Eltern. Das Mädchen zitterte wie Espenlaub, denn ihr Ruf hing an einem seidenen Faden, der davon abhing, ob meine Eltern sie annehmen und akzeptieren oder ablehnen würden. Wenn unsere Pas und Mas uns nicht akzeptierten, würden wir aus der Gemeinschaft der Leprechauns ausgeschlossen werden. Obwohl das für mich in Ordnung gewesen wäre, hätte sie mit mir auf der Straße leben müssen, und das wollte sie nicht. Sie wollte mich und eine Familie und auch das aufregende Leben, das ich ihr bieten konnte.

Als Ma uns zum Tor hereinkommen sah, rannte sie in den hinteren Raum und begann, zu den Ahnen und allen zu beten, die ihr einfielen. Sie sagte sogar: »Es gibt Menschen, deren Gebete wirken, und ich bete zu demjenigen, zu dem ihr betet, denn mein Sohn bringt eine Frau mit, von der ich weiß, dass sie seinem Vater nicht gefallen wird.«

Ma erkannte besser als Pa, dass ich eine Partnerin brauchen würde, die anders war. Sie wusste, dass das Mädchen, das mit mir durch das Tor kam, anders war, denn es wurde bereits über sie geredet. Obwohl sie ein gutaussehendes Mädchen war, gab es nur wenige Leprechaunjungen, die sie haben wollten, weil sie so unabhängig war. Ma hatte all diese Gedanken im Kopf, als wir durch das Tor kamen, und sie hoffte, dass mein Vater einen guten Tag hatte. Ma hat sich nicht getraut, zu meinem Vater zu gehen und mit ihm zu sprechen, bevor ich bei ihm war; das ging einfach nicht, aber sie hat ein paar telepathische Botschaften geschickt, würde ich sagen.

Pa hat uns nicht gesehen, weil er hinten seine Schuhe schusterte, aber er hat den Kummer von Ma mitbekommen, weil sie voller Verwirrung kreuz und quer verschiedene Nachrichten und Gebete schickte. Also machte sich Pa schon Sorgen, bevor er wusste, was los war. Ich bat das Mädchen, vorne zu warten, und ging hinten herum, um mit ihm zu reden, bevor er sie sah.

Ich begann das Gespräch folgendermaßen. »Vater.« Jetzt wusste er sicher, dass es ernst war, weil ich so förmlich war und meinen Hut in der Hand hielt. »Ich bin gekommen, um etwas zu erbitten, was mir wichtig ist. Ich habe die Partnerin gefunden, die ich gesucht habe.«

Er schäumte, denn er begriff, was ich sagen wollte, noch bevor ich die Worte herausgebracht hatte. Er sprang von seinem Stuhl auf und lief auf die Vorderseite des Cottage zu. In diesem Augenblick tat ich etwas, was

Leprechaunkinder mit ihren Eltern selten tun. Ich berührte seinen Arm, um ihn aufzuhalten. »Vater, hör mir zu! Das ist das Mädchen, das ich will, und wenn du sie zurückweist, müssen wir diese Gemeinde verlassen. Du weißt das, und dann wirst du mich nie mehr wiedersehen. Aber wenn du uns in dieser Gemeinschaft haben willst, solltest du sie akzeptieren, denn für mich gibt es keine andere.«

Es hat mich große Überwindung gekostet, so mit ihm zu sprechen, und es hat ihn viel Kraft gekostet, es sich anzuhören, aber er war ein ehrenwerter Mann und er wusste, dass ich es ernst meinte, und er wollte mich nicht verlieren. Er war sogar ein wenig stolz auf mich. Auch wenn er nie mit mir darüber sprach, hörte ich, wie er mich gegenüber einigen seiner Kumpel verteidigte, die mich kritisierten, weil ich nicht daheim blieb und ein richtiger Schuster wurde. Wenn er das hörte, rechtfertigte er mich und mein Tun und fügte hinzu: »Ich gehe auf Nummer sicher«, damit sie ihn für gewieft hielten. Gleichzeitig sorgte ich für Zwietracht in der Gemeinde, denn ich beeinflusste die jungen Leute. Manche kamen, um von mir Geschichten über das Leben auf Wanderschaft zu hören und wollten mehr darüber wissen, wie wir Leprechauns und Elementarwesen uns an die veränderten Zeiten anpassen könnten.

All diese Gedanken gingen ihm zugleich durch den Kopf, bis er eine Erkenntnis hatte. Er sah ein, dass ich, wenn er mir dieses Mädchen überlassen würde, nicht nur in der Gemeinschaft bleiben, sondern auch zeigen würde, dass ich sesshaft werden wollte. Dies würde einige der jungen Leute und auch die Alten beruhigen, die denken würden: »Er ist nicht mehr so jung und leichtsinnig. Er will tatsächlich sesshaft werden, eine Familie gründen und hier leben.« Wenn ich endlich eine Partnerin hätte, würde das eine besänftigende Wirkung auf die Gemeinschaft haben, und er würde mich nicht verlieren. All diese Gedanken gingen ihm blitzschnell durch den Kopf. Leprechauns sind dafür bekannt, dass sie besser als andere Elementarwesen und, ich wage zu behaupten, besser als die meisten Menschen, mit Gedanken jonglieren können.

Innerhalb einer Sekunde sagte er: »Genau. Ich treffe sie am besten und sehe, was ich von ihr halte.«

Er schlenderte voran, lässig, wie es sich gehört, und tat etwas sehr Seltsames, ganz gegen die Tradition. Er rief seine Gefährtin aus dem Cottage. Meine Mutter hatte unser Gespräch wahrscheinlich an der Tür belauscht, aber sie ließ sich nichts anmerken. In dem Moment, als sie die Tür öffnete, sagte er zu ihr: »Hör zu, wir haben Besuch, und ich glaube, wir sollten ihr einen Tee anbieten.«

Ma lächelte das Mädchen an, führte sie herein und bedeutete ihr, sich als Ehrengast auf einen Hocker zu setzen. Sie pries alle Heiligen, die Ahnen und den großen Gott Pan und glaubte, ihre Gebete seien erhört worden, also lief sie los, um den Kessel für den Tee aufzusetzen. Ich war stolz auf meine Mutter und meinen Vater, weil sie sich in den über 20 Jahren, die ich unterwegs war, soweit entwickelt hatten, von der Tradition hin zu einer Offenheit. Aber ich schätze, sie hatten sich schon weit vor meiner Geburt geöffnet. Sie wussten, dass ich eigensinnig sein würde, und nahmen mich in ihr Leben auf, um sich noch mehr zu öffnen. So wurde mein Mädchen in das Haus meiner Familie aufgenommen.

Nach einem kurzen Gespräch wurde vereinbart, dass meine Mutter und mein Vater gemeinsam mit ihren Eltern sprechen würden. Sie sagten ihr: »Geh nach Hause und sag deinen Eltern, es würde bald Besuch mit einem Angebot für dich kommen.«

Sie war erleichtert und tat, was sie verlangten, denn sie wusste, dass die halbe Schlacht schon gewonnen war. Ich blieb im Cottage, weil nur meine Mutter und mein Vater dort hingehen würden. Da die Eltern des Mädchens eher traditionell waren, wäre es zu viel gewesen, mir jetzt schon zu begegnen. Es war schon seltsam, dass Ma mit Pa ging, und doppelt seltsam, dass keine Heiratsvermittlerin die Ehre hatte.

Ma und Pa zogen ihre besten Kleider an, und Pa setzte seinen guten Hut auf, damit ihre Eltern sahen, dass es ein offizieller Besuch war. Als meine Eltern eintrafen, war der Tee fertig und das Brot gebacken. Das liebe junge Mädchen, das ich zu meiner Gefährtin machen wollte, hatte es geschafft, alle Gedanken an mich vor ihrer Mutter und ihrem Vater zu verbergen. Sie hatte einen starken Willen. Ich war stolz auf sie. Sie tat alles, damit meine Mutter und mein Vater die Gelegenheit bekamen, alles richtig zu machen. Ihre Eltern wussten, dass etwas nicht stimmte, aber anfangs hielten sie es für einen kleinen Streich, den das Mädchen ihnen spielte.

Als meine Mutter und mein Vater eintrafen, wurden sie eingeladen, auf zwei Hockern am Torffeuer Platz zu nehmen. Pa begann: »Deine Tochter ist ein hübsches Mädchen und hat eine einzigartige Persönlichkeit. Ich habe sie im Dorf bewundert, und wir suchen nach einer guten Partnerin für unseren Sohn, der auch ein bisschen eigensinnig ist. Er möchte jedoch in der Gemeinde bleiben, und ich habe mir gedacht, dass euer Mädchen und unser Sohn ein gutes Paar abgeben würden. Und ich habe mich gefragt, ob das für euch passt.«

Ihre Eltern waren ein wenig überrascht, aber es konnte kein allzu großer Schock gewesen sein, denn sie hatten im Laufe der Jahre gesehen, wie das Mädchen war. Um ehrlich zu sein, waren ihre Mutter und ihr Vater eher erleichtert, aber das durften sie sich nicht anmerken lassen. Sie mussten so tun, als hätten sie das liebste Juwel der Welt und als würde ich es ihnen wegnehmen. Das war clever, denn so konnten sie aushandeln, dass sie nur eine kleine Mitgift zahlen mussten.

Beide Väter traten in die Verhandlungen ein, und mein Vater sagte: »Mein Sohn hat schon ein Cottage.«

Ihr Vater entgegnete: »Aber er hat kein Vieh, keine Schafe, nichts, was ihm Milch geben könnte, und da er so ein Wanderer ist, hat er keinen Menschen, der ihm zu essen gibt. Und was wird dann aus unserem Mädchen?«

Mein Vater tat sein Bestes und antwortete: »Er geht vielleicht weg, das mag stimmen, aber ihr seht ja, er kommt immer zurück und kann immer für das Mädchen sorgen.« Um ehrlich zu sein, war ich kein gutes Geschäft für ein traditionelles Mädchen. Deshalb drängte Pa bei den Verhandlungen nicht so sehr, denn er wusste, dass ich als potentieller Partner schwer zu verkaufen war.

In diesem Moment begann die Mutter des Mädchens unruhig zu werden, weil sie befürchtete, ihr Mann könne sich querstellen und diese Chance für ihr Mädchen zunichtemachen. Ihr Vater konnte die Gedanken der Mutter lesen und wusste, dass es wahrscheinlich keine weiteren Angebote geben würde, weil das Mädchen so besonders war, also gab er widerwillig nach und sagte: »Dann lass uns den Handel machen.«

Die Männer besiegelten die Abmachung mit einem Handschlag. Und Sie fragen sich vielleicht, was die Frauen taten, während die Männer verhandelten. Sie wussten genau, dass sie sich nicht in die Angelegenheiten der Männer einmischen sollten… zumindest nicht direkt. Aber sie nickten sich gegenseitig zu, sprachen ohne Worte und machten durch weibliche Zeichen deutlich, dass sie dafür waren. Natürlich konnten die beiden Männer nicht umhin, dies mitzubekommen.

Als nächstes mussten die beiden Familien entscheiden, was mit der Heiratsvermittlerin geschehen sollte. Sie wäre nicht glücklich darüber, aus dem Geschäft ausgeschlossen zu sein, und würde trotzdem das Gold für die Heiratsvermittlung haben wollen. Keiner der Elternteile wollte die Verantwortung für die Übergabe des Goldes übernehmen und so beschlossen sie, die Schulden für die Heiratsvermittlerin an mich weiterzureichen. Leider war das ein Dilemma, denn außer dem Cottage hatte ich nicht viel zu bieten.

Goldbeschaffung

Inzwischen hatte ich keinen Zweifel mehr daran, dass die Heiratsvermittlerin die Neuigkeit bereits mitbekommen hatte. Also zog ich so schnell wie möglich mein bestes Gewand an, polierte meine Schuhe bis sie glänzten, und machte mich auf den Weg zu ihrem Haus, um das Problem zu lösen. Sie wohnte in der Mitte des Dorfes, mitten im Getümmel, wo sie den örtlichen Klatsch und Tratsch mitbekam und bei jeder sich bietenden Gelegenheit einen Fuß in die Tür setzen konnte. Als Heiratsvermittlerin muss man geschäftsorientiert sein, es ist ein Beruf wie jeder andere. Ihr Häuschen war von einem hübschen kleinen Zaun umgeben, und in ihrem Garten blühten viele bunte Blumen. Sie hatte eine kreative Ader, wahrscheinlich eher wie eine königliche Elfe, aber wer bin ich schon, dass ich das beurteilen kann? Ich öffnete also das Tor, schlenderte zu ihrer Tür und klopfte an.

»Ich komme«, rief sie mit ihrer sanften Stimme. Ich nahm meinen Hut ab und hielt ihn fest, als sie die Tür öffnete. Als sie mich sah, wurde ihr Lächeln blasser. »Aha, du bist es also«, sagte sie und sog durch zusammengebissene Zähne die Luft ein. »Ich nehme an, du kommst am besten rein, denn ich mache keine Geschäfte an der Tür.«

Sie wies mir einen Stuhl zu, bot mir keinen Tee an und blieb selbst stehen – ein deutliches Zeichen ihrer Unzufriedenheit. »Ich habe gehört, dass du einen Handel ohne mich gemacht hast. Was sagst du dazu?« raunzte sie mich an.

»Sie sind sehr gut in Ihrem Beruf, es gibt keine Bessere«, begann ich und hoffte, mein Charme würde wirken. »Und ich weiß, dass Sie normalerweise jedes Paar finden, aber ich bin ein bisschen anders als Ihre üblichen Burschen, und das Mädchen ist es auch, das müssen Sie zugeben. Also hätten Sie Probleme gehabt, einen Partner für einen von uns beiden zu finden.«

»Du hast also beschlossen, mir mit deinem guten Herzen Arbeit zu ersparen, behauptest du das?« sagte sie, stemmte die Hände in die Hüften und schaute finster drein. »Ich kaufe dir nicht ab, was du behauptest, Junge, und du wirst noch mehr bezahlen müssen, jetzt, da du meinen Ruf beschädigt hast.«

Das lief nicht gut. Da Leprechauns den Handel der anderen respektieren und niemals in das Gebiet eines anderen eindringen, würden ihr alle Leprechauns zustimmen. Wieder einmal hatte ich Grenzen überschritten, die ich nach ihrem Verständnis nicht hätte überschreiten dürfen.

»Natürlich will ich mich für Ihre Mühe revanchieren«, sagte ich und schaute sie mit meinem offensten Lächeln an, bevor ich fortfuhr, »aber ich bin im Moment etwas knapp bei Kasse.«

»Ich habe genug gehört«, unterbrach sie mich. »Ich will das Doppelte meines üblichen Honorars und ich werde auch nicht jahrelang darauf warten, also musst du es herbeischaffen. Sonst ist dein Ruf in dieser Gegend ruiniert.«

Es war klar, dass ich keine Verhandlungsmacht hatte und dass ich das Gold irgendwie beschaffen musste. Verängstigt nahm ich das, was von meinem Stolz noch übrig war, erhob mich vom Stuhl und ging zur Tür, wobei ich sagte: »Sie werden es bekommen. Ich werde es besorgen. Ich stehe zu meinem Wort.«

Die Frage war nun, wie ich das Gold beschaffen sollte. Ich schickte meiner künftigen Partnerin eine telepathische Nachricht, in der ich sie bat, mich an der gleichen Stelle auf den Klippen zu treffen wie zuvor, da ich bei der Ausarbeitung eines Plans ihre Hilfe benötigte. Ich muss Ihnen wohl nicht sagen, dass ich sie damit noch weiter auf den neuen Weg gebracht habe. In der Welt der Leprechauns treffen die Männer die Entscheidungen, nicht die Mädchen. Nichtsdestotrotz war sie sofort dabei.

»Ich war bei der Heiratsvermittlerin«, sagte ich und errötete vor Scham, »und sie hat mir für den ganzen Ärger, den ich ihr gemacht habe, den doppelten Preis berechnet.«

»Du meinst, den ›wir verursacht haben‹. Ich habe mitgemacht«, antwortete sie, um meinen Stolz zu wahren und mich wissen zu lassen, sie stehe in guten wie in schlechten Zeiten zu mir. War ich ein Glückspilz!

»Ich dachte, wir könnten überlegen, wie man an so viel Gold kommt. Vielleicht fällt dir ja etwas ein, woran ich noch nicht gedacht habe.«

»Fahre fort«, antwortete sie, darauf wartend, dass der Mann begann.

Wenn man ein männlicher Leprechaun ist, gibt es mehrere Möglichkeiten, an Gold zu kommen, und sie kennt sie vielleicht nicht alle, also wollte ich sie über die Möglichkeiten informieren.

»Eine Möglichkeit wäre, herauszufinden, wo ein anderer Leprechaun sein Gold hortet, es auszugraben und zu stehlen«, begann ich.

»Das wäre schlau – sogar sehr schlau –, aber eher die Art und Weise, wie ein Kobold vorgehen würde, meinst du nicht?«

»Ich bin zu demselben Schluss gekommen«, beteuerte ich, wohl wissend, dass es hinterhältig wäre und man nicht besonders stolz darauf sein könnte.

»Die zweite Möglichkeit wäre, einem Menschen Gold abzunehmen«, erklärte ich. »Wie wäre es, wenn ich in eine Kneipe gehe und warte, bis ein menschlicher Junge etwas Gold auf den Tresen legt, um einen Drink zu bezahlen. Ich könnte dann reinstürmen und es nehmen, bevor der Barkeeper es tut. Es verschwinden lassen, sozusagen.«

»Ja, aber das würde zu einem Streit zwischen dem Menschen und dem Barkeeper führen, weil der eine sagen würde, er habe bezahlt, und der andere, er habe nicht bezahlt. Das wäre doch unehrenhaft, oder?« fragte sie, wohl wissend, dass ich keinen ehrenlosen Weg wählen würde.

»Der dritte Weg, das Gold zu bekommen, wäre es zu verdienen, aber meine Liebe, ich müsste mich niederlassen und Schuster werden oder mit Ledertaschen und Kleidung handeln. Es könnte Jahre dauern, bis ich genug Gold habe, und würdest du das für mich wollen?« Dies war eine Testfrage, um herauszufinden, ob ihr mein Glück wichtiger war als einfach nur meine Hand, und ich wartete gespannt auf ihre Antwort.

»Ja, das ist eine Möglichkeit«, begann sie und machte sich einen Spaß daraus, mich auf ihre Entscheidung warten zu lassen. Dann hielt sie inne, ein Lächeln erhellte ihr hübsches Gesicht, und sie fuhr fort: »Aber du wärst nicht glücklich, also ist das keine Option.«

Diese Möglichkeiten kamen nicht in Frage, also fehlte es mir an Ideen, wie ich das Gold bekommen könnte, und sie konnte sehen, wie ratlos ich war.

»Lass uns eine vierte Möglichkeit finden«, rief sie aufgeregt. »Wir haben alles in unserem Werben auf neue Art und Weise gemacht, also lass uns eine neue Art finden, an das Gold zu kommen.«

War sie nicht ein Genie? Also steckten wir unsere Köpfe zusammen, und wie man so schön sagt: Eins plus eins gibt drei. So schmiedeten wir einen großen Plan.

Damals wurden Gold und Silber in Kutschen transportiert, und die Kutschen hielten bei reichen Häusern. Daher beschloss ich, mir etwas von diesem Gold zu holen. Damit würde ich den Reichen das Geld wegnehmen und nicht den Armen, und obwohl es nicht so einfach sein würde, war mein Trumpf, dass die Menschen mich nicht sehen konnten.

Deshalb war ich bereit für die Kutsche, als sie am Pub hielt, um Fahrgäste aufzunehmen. Ich hatte ein paar Sandwiches und Tee eingepackt, um die Reise zu genießen. Elementarwesen brauchen nur an den Ort zu denken, an den sie wollen, und schon sind sie da, aber ich wollte meine Expedition so angenehm wie möglich gestalten, indem ich so reiste, wie Menschen es tun. Wir fuhren einige Zeit, bis die Kutsche schließlich durch die Tore zu einem großen Haus fuhr – mein Ziel – und dort stieg ich aus. Da es noch hell war, hielt ich mich draußen auf und versteckte mich vor den Heinzelmännchen des Hauses, die mich bestimmt sehen konnten und die Besitzer beschützen würden. Ich versteckte mich auch vor den Kobolden der Gegend, die das Gefühl hatten, dass alles im Haus ihnen gehörte, und die mich als Eindringling aus ihrem Revier vertreiben würden.

Ich aß meine Sandwiches und machte ein Nickerchen, und als die Nacht hereingebrochen war und alle im Haus, sogar die Elementarwesen, schliefen, schlich ich mich hinein. Wir Leprechauns können im Dunkeln gut sehen, und ich schaute mich um, um das Gold zu finden. In der Annahme, dass der Herr sein Gold bei sich tragen würde, fand ich den Weg in das größte Schlafzimmer. Dort schnarchte der Mann vor sich hin. Zu meinem Pech entdeckte mich sein großer Hund und begann zu knurren. Ich wandte meinen besten Unsichtbarkeits-Trick an, indem ich auf eine höhere Frequenz wechselte, und glücklicherweise brachte der Herr den Hund zum Schweigen, und beide schliefen wieder ein. Mit Hilfe meiner Intuition fand ich seinen Beutel unter dem Bett – wann werden die Leute es je lernen? Darin befand sich reichlich Gold, das ich in mein Wams stopfte und mit dem ich leise das Haus verließ.

Im Schutze der Dunkelheit schlich ich mich zum Tor und wartete bis zum Morgen, als ein Karren auf dem Weg zum Markt aus dem Tor kam. Ich sprang einfach auf den Wagen und fuhr zum Markt, um auf dem Rückweg ein paar Leckereien für die Speisekammer zu besorgen. Das kann man eine gute Nachtarbeit nennen. Ich hatte kein schlechtes Gewissen, dem Mann das Gold wegzunehmen, denn er hatte schon zu viel und würde es nur für sich und seine reichen Gäste horten. Ich tat dem Mann einen Gefallen, indem ich ihn von der Last des schlechten Karmas befreite, und das Gold für etwas Gutes nutzte.

Ich habe meinem Vater das Gold gezeigt, um ein bisschen zu prahlen, und er war sehr stolz auf meinen Einfallsreichtum. Natürlich teilte ich die Beute mit ihm, damit er doppelt stolz darauf war, dass ich eine kluge Entscheidung getroffen hatte. Ich wollte keine Zeit verlieren, meine Schulden zu begleichen, und sagte ihm, ich würde zur Heiratsvermittlerin gehen. Diesmal bestand er darauf, mich zu begleiten. Er hielt es für wichtig, einen Zeugen dabeizuhaben, falls sie leugnete, dass ich ihr das Geld gegeben hatte. Die Gemeinde hätte nur schwer glauben mögen, dass ich das Gold so schnell hatte auftreiben können, und hätte vielleicht an mir gezweifelt. Pa war der Meinung, ich habe es gut gemacht und einen neuen Weg – jetzt »Option vier« genannt – für andere Leprechauns eröffnet, um an Gold zu kommen.

Nicht, dass die Heiratsvermittlerin erfreut war, mich zu sehen! Sie war verärgert, denn sie hatte sich ausgemalt, dass sie noch mehr Gold erhalten würde, als sie verlangt hatte. Sie würde den ersten Betrag erhalten, wenn ich meine Schulden bezahlte, und dann den gleichen Betrag ein weiteres Mal, wenn sie abstritt, schon etwas bekommen zu haben. Doch ich war gewitzt, und die Heiratsvermittlerin musste meine Schlauheit respektieren.

Unsere Heiratsvermittlerin war, wie ihr vielleicht schon vermutet habt, eine Leprechaunfrau, die noch keinen Partner gefunden hatte. Sie war sauer, nicht erobert worden zu sein. Heiratsvermittlerinnen sind unverheiratete Frauen aus dem Dorf. Man könnte versucht sein zu fragen: »Was wissen die schon vom Verkuppeln, wenn sie selbst nie einen hatten?« Wir hatten eine bewährte Lösung, um sicherzustellen, dass kein Leprechaun jemals ohne Beruf blieb, und es gab für jeden eine Lehrstelle. Wenn ein Mädchen ein bestimmtes Alter erreicht hatte, ohne von einem Jungen umworben worden zu sein, ging es in die Lehre und lernte das passende Handwerk. Das war dann schließlich ihr Beruf.

Es ist ein gutlaufendes Geschäft, und eine Heiratsvermittlerin kann angenehm leben und unabhängig sein, was für eine Frau ungewöhnlich ist. Dennoch gefiel es dieser Heiratsvermittlerin nicht, dass ich mich entschieden hatte, die Heirat auf eine neue Art und Weise zu besiegeln, und sie sah ihren Lebensunterhalt bedroht. Sie war also aus Prinzip gegen mich. An ihrer Stelle müsste ich ja selbst zugeben, dass diese Einschätzung richtig war. Trotzdem hatte ich bezahlt, damit ich heiraten konnte.

Ein Gespräch von Mann zu Mann

Wir mussten eine Weile warten, bis wir das *Handfasting* – unser Elementarwesen-Äquivalent zur Hochzeit – abhalten konnten. Leprechauns mögen es nicht, wenn man sie drängt. Das Problem war, dass wir unser Werben nicht heimlich fortsetzen konnten, wie wir es bisher getan hatten. Da fällt mir auf, dass ich sie zwar »mein Mädchen« nenne, Ihnen aber nie ihren Namen gesagt habe. Wir Leprechauns geben nie unsere richtigen Namen preis, denn Namen bedeuten Macht, aber mein Mädchen hat mir einen Namen genannt, den die Menschen erfahren dürfen. Für sie heißt sie Áine, ausgesprochen *ahn-ya*. Er ist nicht weit von ihrem richtigen Namen entfernt, und sie fühlt sich sehr wohl damit, denn er bedeutet auf Irisch »Glanz und Pracht«; wir hatten auch eine Königin mit diesem Namen. Ich muss sagen, Áine passt zu ihr.

Áines Mutter bestand darauf, dass immer, wenn wir spazieren gingen, entweder sie oder ein Tantchen mit uns gehen musste. Kein Anfassen. Das war eine strikte Regel. So konnten wir uns natürlich nicht unterhalten und besser kennenlernen. Wir wussten, dass wir uns an die Einschränkungen halten mussten, denn die ganze Gemeinde beobachtete uns nun, um zu sehen, was wir als nächstes tun würden. Wir standen im Rampenlicht. Das passt überhaupt nicht zu einem Leprechaun, denn wir sind sehr privat. Ich nehme an, man könnte sagen, dass wir geheimnisvoll sind, aber egal, welche Worte man benutzt, keiner von uns mochte das Anstarren und Tuscheln, wenn wir draußen waren.

Für sie war es schwieriger, weil sie das Mädchen war. Wir Burschen haben nicht dieselben Einschränkungen. Außerdem muss man sagen, dass mein Vater wusste, dass ich seit Jahrzehnten als freier Mann lebte und mich weder von ihm noch von irgendjemandem einsperren lassen würde, also war es ihm egal. Nun, vielleicht gab es doch ein Gespräch. Ziemlich peinlich, wirklich. Es lief folgendermaßen ab.

Pa war ein richtiger Poitín-Macher. Wisst ihr, was das ist? Das Getränk wird aus Kartoffeln und Honig und ein bisschen Spucke gemacht, um es in Gang zu bringen. Natürlich gibt es noch ein paar geheime Zutaten, die ich nicht verraten werde. Dann wartet man und lässt es reifen. Unsere Familie stellt schon seit ein paar Hundert Jahren Poitín her, und wir haben einen guten Ruf. Er wird nur von den Männern getrunken, da er für die Frauen zu stark ist. Und manchmal geben wir den Schafen einen Schluck, wenn sie kränkeln, um sie zu beruhigen. Er hat einen ziemlichen Kick und kann einen an einem kalten Tag richtig aufwärmen.

Die Menschen verwenden einen Destillierapparat, um Poitín zu kochen, aber das ist überhaupt nicht notwendig – wir machen es seit Äonen in einem Topf. Ein wenig über das Gebräu: Man muss es aus zwei Gründen genau beobachten. Erstens weiß der Nachbar, wo es aufbewahrt wird, und könnte hereinschauen und es mitnehmen, wenn man nicht hinsieht. Die Menschen würden das vielleicht für Diebstahl halten, aber wir sehen das anders. Für uns ist es eher ein Spiel. Wer ist der Gerissene, der es in der Nacht schnell schafft und unbehelligt nach Hause kommt? Das würde bedeuten, dass der Verlierer sich etwas einfallen lassen muss, um es dem Täter heimzuzahlen. Dieses Spiel kann sich über Jahrzehnte hinziehen und sogar an Kinder weitergegeben werden. Es gibt sogar Wettbewerbe. Leprechauns, die in den kompliziertesten Spielen enorm geschickt sind, sind berühmt und ihre Namen werden über Generationen gepriesen.

Der zweite Grund, auf den Topf aufzupassen, ist, dass er schon mal explodieren kann und man nicht weiß, was dann geschieht. Vielleicht würde er den Schuppen zerstören. Ich weiß, dass man sagt, Poitín könne blind machen, aber das habe ich noch nie erlebt. Aber ich habe Ihre Leute schon oft morgens gesehen, nachdem sie in der Nacht zuvor getrunken hatten, und das ist kein schöner Anblick.

Ich weiß, ich habe gesagt, dass Mädchen keinen Poitín trinken würden, aber manchmal glaube ich, dass sie sich heimlich ein, zwei oder fünf Schlückchen gönnen. Wir Männer ließen es uns morgens nicht anmerken, wenn sie nicht ganz bei der Sache waren. Ein kleiner Stups ist vielleicht in Ordnung, oder wenn der Brei angebrannt war, sagten wir: »Der Brei ist heute ein bisschen anders.« Das bringt sie normalerweise zur Vernunft, und wenn das nicht funktionierte und sie das Abendessen verpatzten, sagen wir: »Ich glaube, ich gehe mal nach hinten und sehe nach dem Poitín.« Das kommt an.

Ich höre Sie schon fragen: »Vertragen Leprechauns Alkohol gut?« Es ist so wie bei allen – nicht besser und nicht schlechter.

Wie gesagt, ich war bei Ma und Pa zu Besuch, als er zu mir sagte: »Lass uns ein bisschen nach hinten gehen.«

An seinem Tonfall erkannte ich, dass er mir eine Lektion erteilen würde, und ich fragte mich, was das wohl würde. »*Ceart go leor*«, sagte ich, was auf Irisch »okay gut« bedeutet. Sie müssen wissen, dass wir nicht Englisch sprechen, sondern »Gaeilge« (was manche Irisch-Gälisch nennen), auch wenn Sie uns auf Englisch hören.

Wir gingen zur Tür hinaus. Er schlenderte nach hinten und stellte sich auf die eine Seite des Poitíns, während ich mich auf die andere stellte. »Sollen wir nachsehen, wie es ihm geht?« fragte er und tauchte eine Schöpfkelle in den Topf.

»Aye«, sagte ich, gespannt auf seinen nächsten Schritt, als er mir ein volles Glas reichte.

»Er ist, glaube ich, fertig«, sagte ich und nahm einen Schluck. »Was meinst du?«

Das gab einem Mann reichlich Anlass zum Trinken, und ich konnte an der Größe des Glases, das er mir gereicht hatte, erkennen, dass er einen langen Vortrag plante. Vielleicht ist das ein guter Moment, um über unsere Vorträge zu sprechen. Die Iren sind berühmt für sie. Die Elementarwesen hatten nie Bücher. Wir hatten das auch nicht nötig, denn wir haben ein ausgezeichnetes Gedächtnis und können uns an ganze Geschichten erinnern, Wort für Wort, die von unseren Barden erzählt werden. Da wir durch Raum und Zeit reisen können, können wir den ursprünglichen Barden hören, von dem die Geschichte stammte. Unsere Barden machen daraus ein lebenslanges Studium, obwohl die Geschichten gern von anderen ergänzt werden. Wir können die Geschichten in einem Atemzug rezitieren, ohne ein Wort auszulassen. Wenn ich also erwähne, dass Pa einen Vortrag plante, meine ich damit, dass er offensichtlich etwas einstudiert hatte, das er sagen wollte, und dass meine Ohren darauf warteten, dass er begann.

»Mein Sohn«, sagte er, »ich werde dir erzählen, was mein Vater mir erzählt hat und sein Vater ihm.« Mit diesen Worten fing er an, hin und her zu schaukeln, seine Füße hin und her zu bewegen, um einen Rhythmus zu finden und in den Erzählmodus überzugehen.

»Es ist ein Geheimnis, das wir Männer hüten und nie preisgeben.«

Inzwischen hielt ich den Atem an und fragte mich, was da wohl käme. Welches Geheimnis würde ich wohl noch nicht kennen? Ich gebe nicht an, wenn ich sage, dass Leprechauns wirklich gut darin sind, Geheimnisse aufzuspüren, und ich bin genauso gut darin, vielleicht sogar noch ein bisschen besser, und ich hatte keine Ahnung, was auf mich zukommen würde.

»Was ich jetzt erzähle, darf niemals einer Frau erzählt werden, sonst droht der Tod«, fuhr er fort und warf mir einen strengen Blick zu.

Obwohl ich neugierig war, war ich mir nicht sicher, ob ich es wissen wollte, und in der Hoffnung, diesem Geständnis zu entgehen, unterbrach ich ihn: »Ich werde viel reisen und einen Weg finden, eng mit den Menschen zusammenzuarbeiten, daher bin ich mir nicht sicher, ob du mir dieses Geheimnis verraten solltest. Es ist besser, es nicht zu wissen. Die Menschen könnten es aus mir herausquetschen.« Ich dachte mir diese Ausrede aus, um dem Wissen zu entgehen.

Er lachte mir ins Gesicht, kippte seinen Poitín hinunter, wies mich an, dasselbe zu tun, was ich natürlich tat, da er ja mein Pa war und so, und sagte: »Oh, die Menschen sind egal. Es ist uns egal, was du zu ihnen sagst. Ich spreche davon, dies nicht an die Elementarwesen weiterzugeben, besonders nicht an die Frauen.«

Nun, das war etwas anderes. Dem konnte ich problemlos zustimmen, also antwortete ich: »Das ist eine andere Sache. Ich wäre ein Trottel, wenn ich nicht hören wollte, was du zu sagen hast.«

Das war die einzige Ermutigung, die er brauchte, um weiterzureden. »Das ist etwas, was wir den Männern nur sagen, wenn sie bereit für das Handfasting sind. Vorher brauchen sie es nicht zu wissen, da sie keinen engen Kontakt zu Frauen haben werden, außer zu ihrer Mutter.«

Jetzt, da ich wusste, wohin dieses ernste Gespräch zwischen Männern führen würde, wurde ich rot und begann zu schwitzen. Wir Leprechauns halten uns von allen sexuellen, männlich-weiblichen Dingen fern. Er hatte noch nie mit mir darüber geredet, und jetzt, wo ich das hörte, brauchte ich noch einen Drink. Er sah, wie ich mit dem Poitín liebäugelte, und da er zweifellos selbst etwas Unterstützung brauchte, tauchte er die Kelle wieder in das Gebräu und füllte unsere Gläser auf.

»*Sláinte mhaith*«, sagte er und knallte sein Glas gegen meines. Das bedeutet auf Irisch »auf deine Gesundheit«. Damit demonstrierte er mir einen gewissen Respekt als Mann, als Gleichberechtigter.

»Sláinte mhaith«, erwiderte ich sein Kompliment und stürzte meinen Drink hinunter. Der Poitín hatte fast 90 % Alkoholgehalt, und keiner von uns beiden war mehr ganz nüchtern. Ich hoffte, dass ich noch auf den Beinen sein würde, wenn er endlich auf den Punkt kam. Wie ihr vielleicht bemerkt habt, brauchen Leprechauns sehr lange, um auf den Punkt zu kommen, und man sagt ihnen nach, dass sie überall hinkommen, nur nicht auf den Punkt. Wir lieben einen Roten Faden und ziehen ihn gerne in die Länge, weil wir Spaß daran haben. Man könnte auch sagen, wir vermieden es aus bestimmten Gründen gerne, auf bestimmte Fragen einzugehen oder über bestimmte Dinge zu sprechen. Eventuell ist das auch an meiner Geschichte zu erkennen, die ich gerade erzähle.

»Um fortzufahren«, sagte Pa, griff nach einem weiteren Glas Poitín und kippte um. Was soll ein Mann in so einer Situation tun? Leprechauns haben ihren Stolz, also wollte ich nicht zugeben, dass er vom Alkohol umgekippt war.

»Vielen Dank«, sagte ich und warf mich zu ihm ins Gras. »Ich hätte nicht gedacht, dass du dich jemals hinsetzt, ich bin so erschöpft.«

Mit dieser Bemerkung konnte er sein Gesicht wahren, während ich, schwörend, dass ich genug getrunken hatte, mein leeres Glas vorsichtig abstellte. Er richtete sich mit so viel Würde auf, wie er nur aufbringen konnte, und sah mich mit etwas verschwommenen Augen an. Er begann: »Vor Frauen muss man sich in acht nehmen.«

Ich schwieg, während er fortfuhr. »Vor einigen Hundert Jahren beschloss einer unserer Forscher, die Frauen zu studieren und zu untersuchen, wie sie mit den Männern interagieren. Wir reden hier nicht nur von jungen Mädchen, sondern von unseren Gefährtinnen und sogar von älteren Frauen. Oberflächlich betrachtet sieht es so aus, als wären sie alle fügsam, süß und zuvorkommend, was darauf hindeutet, dass die Männer die Hosen anhaben, aber unser Forscher entdeckte, dass dies nur eine Strategie ist, mit der sie uns in die Irre führen. Sie sind wirklich gerissen. Wenn sie so tun, als wären sie hilflos, können sie uns dazu bringen, die schweren Arbeiten zu erledigen und die Aufgaben zu übernehmen, die sie nicht machen wollen. Aber wenn sie wirklich etwas wollen, machen sie Andeutungen, sind besonders nett, und was glaubst du: Wir geben ihnen genau das, was sie wollen. Wie schlau ist das denn?«

Er sah mir direkt in die Augen und wartete auf eine Reaktion. Es war mir nicht entgangen, dass Áine einige der von ihm beschriebenen Eigenschaften besaß. Ich hatte aber auch ein echtes Rückgrat und Abenteuerlust an ihr festgestellt, und um die Wahrheit zu sagen, hatte sie diese Eigenschaften weder vor mir noch vor irgendjemandem sonst verborgen. Aber es hatte keinen Sinn, Pa, der nicht mehr in bester Verfassung war, darauf hinzuweisen. Das könnte einen Streit auslösen. Stattdessen sagte ich: »Ich glaube, du hast Recht. Was würdest du empfehlen?«

»Ha«, antwortete er, »genau da wollte ich hin. Der Forscher schlug vor, dass wir aufmerksam bleiben und ihnen die gleiche Behandlung zukommen lassen. Das bedeutet, wir sind nett und zuvorkommend zu ihnen und bringen sie so dazu, nett zu uns zu sein. Was hältst du davon!?«

Um ehrlich zu sein, fand ich die Argumentation ein wenig holprig. Dennoch kam mir seine Empfehlung gut vor, und ich hoffte, dass ich mich darin üben würde, immer nett und zuvorkommend zu Áine zu sein. Ich bin mir sogar ziemlich sicher, dass sie mir anderes nicht durchgehen lassen würde, aber es hatte keinen Zweck, dies zu äußern. Also sagte ich zu Pa: »Danke, dass du mir gesagt hast, wie ich das Mädchen behandeln soll, und ich werde es sicher an meinen eigenen Jungen weitergeben, wenn die Zeit gekommen ist.«

Er stieß einen tiefen Seufzer der Erleichterung aus, seine Pflicht mir gegenüber erfüllt zu haben, und endete mit: »Gut! Ich glaube, ich lege mich hin«, und schwankte zur Tür, während ich nach Hause zurückkehrte.

Junggesellenabschiede

Ich nehme an, ihr wollt etwas über die Handfasting-Zeremonie, die ihr Hochzeit nennt, erfahren. Dazu komme ich nach und nach, aber zuerst möchte ich euch erzählen, wie meine Freunde meinen Abschied vom Junggesellendasein gefeiert haben.

Bei Leprechauns weiß man, dass es im Leben mehrere Phasen gibt. Es gibt die Phase des Kleinkinds, die so lange dauert, bis die Hormone einsetzen; die Phase des Ausprobierens, in der man sich die Hörner abstößt; die Phase der Sesshaftigkeit, in die ich jetzt eintrete und in der man heiraten und kleine Kinder haben sollte. Hier wollte ich mit meiner Aufzählung aufhören, aber ich spüre, dass Sie mich drängen, weiterzumachen, also werde ich so freundlich sein. Die vierte Phase dient der Beherrschung unseres Handwerks und ist unsere längste Phase, die sich mit der Phase der Sesshaftigkeit überschneidet, genau wie bei den Menschen. Unser letztes und fünftes Stadium ist das des Alters, in dem wir unsere Weisheit an andere weitergeben, von der Leprechauns, wie Sie sicher zugeben werden, eine Menge haben.

Die meisten meiner Freunde waren bereits in der Phase der Sesshaftigkeit und hatten daher viele Ratschläge parat. Ich lasse Sie raten, wo sie ihr Wissen am besten weitergeben konnten. Stimmt – in der Kneipe! Aber zunächst mussten wir ein Hurling-Match veranstalten. Sie haben vielleicht noch nie davon gehört, obwohl wir es schon seit Hunderten, wahrscheinlich Tausenden von Jahren spielen, – lange bevor man von Golf und Fußball geträumt hat. Hurling ist das schnellste Spiel auf der

Erde, und wir Elementarwesen, die schneller sind als die Menschen, haben es euch überhaupt erst geschenkt.

Meine Kumpel mussten erst einmal die Nachricht verbreiten, dass sie ein Spiel zwischen uns Leprechauns und den Kobolden planten. Sie fragen sich vielleicht: »Warum mit Kobolden?« Mit Trollen würde es kein großes Spiel geben, da sie zu langsam sind und die Feldfeen verzetteln sich im Spiel, aber die Kobolde würden uns Männern ein gutes Spiel liefern. Sie sind normalerweise sogar die besseren, auch wenn es schwerfällt, das zuzugeben. Meine Freunde schickten die Nachricht durch den Äther, und Leprechauns und Kobolde kamen in Scharen. Elementarwesen würden niemals zur Arbeit gehen, wenn es ein Hurlingspiel gibt, im Gegensatz zu den Menschen, die oft lieber arbeiten, als zu einem Spiel zu gehen. Was für eine Dummheit! Für die Gemeinschaft stellt es immer eine gute Abwechslung dar, und wenn die Trolle, die Elfen, die Mädchen und die Kleinen davon hörten, waren sie sofort zur Stelle. Wir hielten das Spiel auf einem Feld in der Nähe des Meeres ab, wo wir den Schafen ausweichen mussten, doch das würde unsere Show sicher noch lustiger machen.

Am besten erkläre ich Ihnen unser irisches Wort *Craic*. »Craic« bedeutet, sich zu amüsieren, und das hat normalerweise mit Trinken, Essen, Musik und Abhängen mit Freunden zu tun. »Ein gutes Lachen«, so könnte man es übersetzen. Es hat überhaupt nichts mit Drogen zu tun, die Menschen konsumieren, um ihr Elend zu lindern. Es ist schwer, Craic zu begreifen, denn es entgleitet einem, wenn man versucht, es festzulegen. Es ist eine Atmosphäre, die man einatmet und die einem so viel Energie gibt wie frische Waldluft an einem milden Frühlingstag. Wie auch immer: Was den Spaß angeht, kann ich Ihnen die richtige Richtung zeigen, aber ich kann Sie nicht dorthin tragen. Nun, es gibt sowohl schwarzen Craic als auch hellen Craic. Schwarz bedeutet, dass man lacht, wenn etwas schiefläuft, und die Naturgeister lachen gerne über ihr eigenes Unglück und das anderer Menschen. Wir sehen darin nichts Falsches, Sie etwa? So wie wir es sehen, mindert Lachen das Unglück.

Wie auch immer, zurück zu meiner Geschichte. Da ich der Mann der Stunde war und Áine zusah, wurde mir die Ehre zuteil, den Anfang zu machen. Also schnappte ich mir meinen *Camán* (Sie würden ihn wahrscheinlich als »Stock« bezeichnen) und den *Sliotar* (den Sie wahrscheinlich »Ball« nennen würden) und machte mich auf den Weg zum Torpfosten der Kobolde. Die Leprechauns gruppierten mich mit Oisín, unserem besten Hürdenspieler, und auch er lief das Feld hinunter und rief mir zu, ich solle den Sliotar abgeben. Aber ich wollte der Held sein und rannte weiter, bis ich über ein Schaf stolperte, das sich mir in den Weg stellte. Ich ging zu Boden, und ein Kobold, der seine Chance erkannte, schnappte sich den Sliotar und rannte den Weg zurück, den ich gekommen war.

Das war kein guter Anfang, aber ich hatte keine Zeit, in meiner Schande zu baden, sondern war hinter ihm her. Es war unwahrscheinlich, dass ein Leprechaun jemals einen Kobold in einem fairen Rennen einholen würde, aber meine Freunde waren schlau und holten ihren Camán heraus, als er vorbeirannte. Im nächsten Moment lag er auf dem Boden, und Oisín war mit dem Sliotar auf dem Weg zu mir zurück. Ich sah meine Chance, sprintete zum Kobold und schrie: »Hier. Hier. Hierher!« Das tat er auch, und ich packte die Gelegenheit am Schopf und schleuderte den Sliotar über das Tor. So war ich zu guter Letzt doch der Held.

Meine Kumpel brüllten und trugen mich hoch über ihren Köpfen, und die Menge der Leprechauns tobte, denn es ist gar nicht so einfach, gegen die Kobolde ein Tor zu erzielen. Das ging eine ganze Weile so, und ich hätte es gern noch länger fortgesetzt, aber es sollte nicht sein. Die Kobolde sammelten sich und warteten darauf, dass sie wieder an der Reihe waren. Wir stellten uns wieder in einer Reihe auf, und ich konnte sie flüstern sehen und wusste, dass sie etwas vorhatten. Und so war es auch. Kaum hatte einer von ihnen den Sliotar in der Hand, stürmte er, gefolgt von einer Reihe von Kobolden, die ihm zu Hilfe eilten, auf unser Ende des Feldes zu. Als wir versuchten, ihm den Sliotar zu entreißen, wurden wir Leprechauns eingeklemmt und blockiert, und sie trieben sogar die Schafe auf uns zu, damit wir nicht die Kontrolle gewannen, bis einer von ihnen den Sliotar direkt über das Tor schlenzte.

Das ist nicht gerade die Art, wie ihr Menschen das Spiel spielt, aber wir haben unsere eigenen Regeln, die so gut wie keine Regeln sind, außer dass wir viel Spaß haben. Wir Leprechauns respektierten die schlaue Art und Weise, wie die Kobolde ihr Ziel erreicht hatten, und wir nahmen uns ein Beispiel und versuchten dasselbe beim nächsten Mal. Ich könnte Ihnen das ganze Spiel erzählen, aber um auf den Punkt zu kommen, will ich nur sagen, dass wir Leprechauns das Spiel zwar nicht gewonnen haben, aber wir haben uns gut geschlagen, und die Kobolde haben unser Spiel gewürdigt und mir in der Kneipe ein Bier ausgegeben.

Ich habe ein kleines Geheimnis für mich behalten, das ich nun zum Glück lüften kann. Eine Berühmtheit, ein berühmter Kobold-Hurler, hatte an der Seitenlinie gestanden und das Spiel beobachtet. Fionn konnte nicht mitspielen, da er nicht zu unserer Gemeinschaft gehörte und es sich um ein Spiel der Einheimischen handelte. Trotzdem feuerte er die Kobolde an, und sie freuten sich, ihn zu sehen, und als sie gewannen, liefen sie feiernd zu ihm hin. Die Kobolde waren überglücklich, dass Fionn, ihr Koboldheld, ihren Sieg über die Leprechauns miterlebt hatte. Sie werden nie erraten, wessen Freund er war. Ja, meiner! Fionn und ich kannten uns von unseren Wanderungen, und wir gehörten zur selben Gruppe von Elementarwesen, die an der Zusammenarbeit mit den Menschen interessiert waren. Die örtlichen Kobolde nahmen natürlich an, dass er für sie da war, und das war er auch, aber Fionn war auch da, um mich hochleben zu lassen.

Er war so stolz auf mich, dass er zu den anderen Kobolden sagte: »Freunde, ihr seid die klaren Sieger, aber jetzt ist die Zeit dieses Mannes gekommen (er deutete auf mich), und ich bin sicher, ihr würdet gerne zu den Handfasting-Feierlichkeiten eingeladen werden, denn die sind ein großer Spaß. Lasst uns *alle* Leprechaunjungs auf eine Runde im Lokal einladen, dann haben wir eine gute Ausgangsposition für die Einladung zum Handfasting.«

Wie konnten sie zur Bitte ihres Helden »Nein« sagen? Was sie nicht sahen, war, dass Fionn mir zuzwinkerte und damit deutlich zu verstehen gab, dass er sich nicht anmerken lassen würde, dass er mich kannte. Das war ein doppelt cleverer Trick. Erstens trickste Fionn seine Mit-Kobolde aus, und zweitens trickste er gleichzeitig meine Leprechaunfreunde aus.

Nur er und ich würden Spaß an diesem Streich haben. Nun, wir werden sehen, ob er es auch vor den Leprechauns und Kobolden geheimhalten würde, die beide Experten für solche Streiche sind.

Wir fuhren zum Pub. Leprechauns muss man nicht zweimal bitten, wenn es etwas umsonst gibt. Die Kobolde waren etwas zurückhaltend, da sie fühlten, dass gerade etwas Seltsames passierte, aber sie konnten sich nicht erklären, was es war. Trotzdem machten sie mit und stritten sich bald darum, wer neben Fionn sitzen durfte. In ihrem Eifer stießen und schubsten sie einander in die Menschen in der Kneipe, und zum Leidwesen der Menschen schwappte ihr Bier über den Boden. Der Barkeeper war nicht begeistert von all den »Unfällen« und rief nicht wenigen von ihnen zu: »Behalte den Drink in deinem Glas, Mann!«

Diese Äußerungen stachelten natürlich zwei Kobolde zu einem Wettstreit an, wer den Menschen dazu bringen konnte, die größte Sauerei zu veranstalten. Leprechauns und Kobolde schlossen Wetten ab, welcher Kobold gewinnen würde, und der arme Menschenkerl hatte keine Chance. »Schieb seinen Arm nach links, während ich seinen Fuß nach rechts schiebe«, sagte der eine.

»Du schiebst den Arm, ich nehme den Fuß«, konterte der andere, um nicht in die Sauerei zu geraten, die auf ihn zukommen würde.

»Das war ursprünglich meine Idee«, erwiderte der eine.

»Aber ich bin der Ältere, und das solltest du berücksichtigen«, erwiderte der zweite und rempelte gegen das Bein des Menschen, um seinen Plan in die Tat umzusetzen.

»Dónal, komm her und hilf uns«, rief der erste dem größten Kobold am Rand zu.

Während Dónal tat, wie ihm geheißen, rief der zweite Kobold seinem Sohn zu: »Fergus, hilf deinem alten Vater.«

Und so ging es weiter, bis alle Kobolde auf der einen oder anderen Seite eine Reihe gebildet hatten. Der Mensch wankte hin und her und wurde ganz grün im Gesicht und erntete seltsame Blicke vom Barkeeper und seinen Kumpeln, als die erste Koboldgruppe einen großen Satz machte und er mitsamt seinem Getränk umkippte.

»Das war›s für heute Abend, Junge«, sagte der Barkeeper, während die Kumpel des Mannes ihn auf die Füße hoben und hinausbrachten. Für sie war der Abend ein ziemliches Durcheinander, aber für uns Leprechauns war es ein gutes Spiel, vor allem für mich, denn ich hatte auf den ersten Kobold gewettet. Das Gold, das ich bei meinem Junggesellenabschied gewann, war ein Glückstreffer, der mich für die Hochzeit rüstete. Der Junggesellenabend mit meinen Kumpeln war ein großer Erfolg, bei dem viel Guinness getrunken und viele Spiele gespielt wurden. Fionn blieb bis zum Schluss, um alles mitzuerleben, und würde sicherlich unserer Wandergruppe Bericht erstatten, was auch ihr viel Freude bereiten würde.

Inzwischen sind Áine und ich seit einem Jahr ein Paar. Ich habe Ihnen von meinem eigenen Junggesellenabschied erzählt, aber die Veranstaltung für Mädchen ist ganz anders. Es sind keine Männer zugelassen, daher ist es schwer zu sagen, was genau passiert. Was ich weiß, ist, dass das Mädchen, das verheiratet werden soll, vor der Zeremonie eine Woche lang mit den älteren Frauen in Isolation gehalten wird. Manchmal bitten wir Leprechauns einen gewieften Kobold, herauszufinden, was bei der Veranstaltung der Mädchen passiert.

Wir haben einen geschäftstüchtigen jungen Kobold, Declan, dessen Arbeit darin besteht, in die Hütte zu gehen, in der die jungen Mädchen, die kurz vor der Heirat stehen, mit den älteren Frauen in Isolation gehalten werden. Er spioniert, wo er nur kann, sieht und hört, was vor sich geht, und erstattet dann uns Leprechauns Bericht. Sie fragen sich vielleicht, warum wir nie einen Leprechaun gefragt haben. Das wäre zu verdächtig gewesen. Die älteren Frauen würden uns sofort bemerken, aber Kobolde sind dafür bekannt, dass sie gehen, wohin sie wollen und wann sie wollen, so dass man sich nicht groß um sie kümmert. Außerdem haben Kobolde ein außergewöhnliches Gehör und können Gespräche durch Wände hindurch hören. Doch sie haben auch ein gutes Sehvermögen und können durch einen kleinen Spalt in der Wand spähen. Ich war begierig darauf, so viele Informationen wie möglich zu erhalten, und heuerte deshalb Declan an. Schließlich wissen Leprechauns, dass Information Macht bedeutet.

Declan berichtete nach seiner Rückkehr von der Spionagemission. Ihm zufolge begannen die älteren Frauen die Vorbereitungen für das Handfasting mit dem Körperlichen. Áine hatte schon in jungen Jahren gelernt, wie man näht, kocht und Kühe melkt. Während der Woche wurde sie jedoch von den Matriarchinnen, die als Expertinnen in allen weiblichen Fertigkeiten galten, weiter geschult. Sie kritisierten ihre Arbeit, bis sie so gut war, wie nur möglich. Als nächstes musste sie lernen, wie sie ihrem Gefährten gefallen konnte, wann sie sprechen durfte, was sie sagen musste und wie sie es so sagen konnte, dass sie den Frieden und gleichzeitig ihre Autorität wahrte.

Schließlich erhielt das Mädchen den letzten Schliff. Es gab ein altes Weib, dessen Aufgabe es war, jeden Mann im Dorf zu studieren, um zu sehen, was für einen Charakter er hatte. Sie begann damit, wenn der Junge noch ein kleines Kind war, und verfolgte ihn, als er heranwuchs. Das Finale der Woche war, dass das alte Weib den Frauen ihre Erkenntnisse übermittelte. Als Declan zu diesem Teil seines Berichts kam, sah er mich mit einem irren Funkeln in den Augen an. Kein Blick, der Vertrauen erweckt. Er machte es spannend und erzählte mir, was das alte Weib gesagt hatte.

»Es ist nicht leicht, etwas über den Mann vorauszusagen, den du dir ausgesucht hast«, begann sie. »Er hat sich nie an unsere Regeln gehalten.« Declan machte hier eine Pause, um die Spannung zu steigern. »Zumindest nicht an die Regeln, die wir bisher hatten. Schon als kleiner Junge hielt er sich von den anderen fern und beobachtete immer alle. Das war vielen von uns unangenehm. Dabei war er aber nicht ungehorsam. Wir beobachteten ihn, um zu sehen, ob er auf seine Mutter und seinen Vater achtgibt, denn es ist bekannt, dass er, wenn er nicht auf seine Mutter achtgibt, ein schlechter Partner für ein Mädchen sein würde. Aber er hat sich gut um seine Ma gekümmert. Sie brauchte ihn nur zu bitten, etwas zu tun, und er tat es. Allerdings lernte er nicht das Handwerk seines Vaters, wie es der jüngere Bruder tat.« (Pause) »Er hätte es getan, wenn sein Vater darauf bestanden hätte, aber so nicht.«

Declan sagte, dass die Mutter des Mädchens die alte Dame unterbrach und fragte: »Hat er mit anderen Jungen in seinem Alter gespielt?«

Darauf antwortete das alte Weib: »Das hat er, und so seltsam es auch scheinen mag, sie haben ihn oft als Anführer betrachtet.«

»Warum sagst du ›seltsam‹?« fragte Áines Mutter, die sich vergewissern wollte, dass ich keinen Fehler in meinem Charakter hatte.

»Nun, er ist nicht der Größte, also kann er nicht durch Muskelkraft führen, und er drängt sich nicht auf, um aufzufallen, wie andere, die an die Spitze wollen. Außerdem hat er nicht die berühmtesten Vorfahren, also wird ihm seine Ahnenlinie nicht helfen.«

»Das ist eine Menge, was er nicht hat; was hat er dann?« fragte die Mutter meines Mädchens. An diesem Punkt schaute mich mein gedungener Kobold mit einem hämischen Grinsen im Gesicht an.

»Das ist ja das Seltsame«, kommentierte die alte Dame verwundert. »Wenn ich mich zu einer Bemerkung genötigt sähe, würde ich sagen, er ist eher ein Gelehrter. Schon als kleiner Junge hat er gerne die Alten besucht, und das ist nicht normal. Er besuchte Leprechauns, die unterschiedliche Handwerksberufe ausüben, anstatt das Handwerk seines Vaters zu erlernen. Er wandert auch gerne weit von zu Hause weg und bringt alle möglichen neuen Ideen in unsere Gemeinschaft ein« (lange Pause, Luft anhalten) »wie zum Beispiel die Partnerschaft mit Menschen. Das ist wirklich nicht normal.«

»Aber«, sagte Declan und unterbrach damit seinen Bericht, »die Mutter des Mädchens hat sich ziemlich aufgeregt, als sie die negative Schilderung deines Charakters hörte, aber nicht halb so sehr wie deine eigene Mutter, die sich zu deiner Verteidigung aufschwang:

›Ich sage nicht, dass die Tatsachen nicht stimmen, denn das tun sie‹, sagte sie, ›aber ich nehme dir übel, dass du sagst, mein Junge sei nicht normal. Er ist ein guter Leprechaun und stolz auf seine Familie und seine Gemeinschaft. Wenn er etwas ein bisschen anders macht, könnte es sein, dass er der Begründer eines neuen Weges wird, vielleicht sogar eines neuen Handwerks. Deshalb behandeln ihn seine Kameraden wie einen Anführer.‹«

Declan fuhr fort: »Áine hat ziemlich gestrahlt, als sie hörte, wie du von deiner Ma verteidigt wurdest. Sie selbst darf nicht sprechen, denn so ist es bei diesen Frauenversammlungen vor der Hochzeit, wo nur die Älteren sprechen dürfen. Sie sollte nur zuhören. Niemand wollte der alten Dame widersprechen, und man sah, wie sich alle mit unter der Schürze versteckten Händen auf die Lippen bissen, in der Hoffnung, dass der Frieden gewahrt würde. Es hing von den nächsten Worten des alten Weibes ab, und es gab eine lange Pause, während sie verdaute, was deine Mutter gesagt hatte. Alle hielten den Atem an, während sich die Stille ausdehnte.«

Während Declan sprach, zog er zur Betonung die Pause in die Länge, was für mich armen, leidenden Leprechaun eine Menge Spannung erzeugte. Laut Declan sagte das alte Weib schließlich: »›Daran habe ich noch nicht gedacht. Ein neues Handwerk wäre eine gute Idee, ganz sicher.‹

›Aye‹, stimmten alle zu und atmeten aus.« Auch wenn Leprechauns traditionell sind, lieben sie ihr Handwerk, und jedes Gespräch über die Schaffung eines neuen ist ein Grund zum Feiern.

Declan hat schon viele dieser Lauschaktionen durchgeführt und weiß, was üblich und was besonders auffällig ist. Kobolde lieben es, wenn etwas anders läuft. Es ist Nahrung für sie, und seine Ohren haben sich bei den nächsten Worten, die das alte Weib an mein Mädchen richtete, gespitzt.

»›Es ist nicht üblich, dass ich den Charakter eines Mädchens beurteile, aber dein Werben um deinen Mann war alles andere als üblich.‹

In diesem Moment trat eine große Stille ein und eine angespannte, atemlose Pause folgte«, sagte Declan. »Als ich einen Blick durch den kleinen Spalt in der Wand warf, sah ich, dass alle Frauen, außer die beiden Mas, auf ihre Hände schauten. Anscheinend waren sich die beiden Mütter in ihrer Missbilligung einig, denn sie starrten die alte Frau an und fragten sich, wie sie es wagen konnte, den Charakter deines Mädchens zu verunglimpfen.

Das alte Weib fuhr unerschrocken fort. ›Keine Angst, ich würde nie ein Mädchen vor ihrem Handfasting angreifen. Ich habe nur angemerkt, dass du ein ungewöhnliches Mädchen bist, Áine. Du würdest nicht zu einem gewöhnlichen Burschen in unserer Gemeinschaft passen, daher warst du recht klug und hast eine gute Wahl getroffen, wenn man deine Möglichkeiten bedenkt. Ich wünsche dir alles Gute, wie wir alle hier.‹

Also«, sagte Declan, »lachten alle und freuten sich und gratulierten deinem Mädchen, weil sie so klug war, den einen Jungen zu bekommen, der sie haben wollte.« Bei Declans Bericht wurde mir klar, dass die Alte ihre Worte so formuliert hatte, dass die anderen sich darüber freuen konnten, wie schlau mein Mädchen war. Das war sehr nett.

Meinem Kobold wurde es jetzt langweilig; er hatte das Gefühl, er habe sein Gold verdient, und ging. Ich kann also nicht sagen, was dann geschah. Ich weiß nur, dass ich mein Mädchen bis zu unserem Hochzeitstag nicht mehr zu Gesicht bekam.

Handfasting und Beltane

Der Tag brach wunderschön an. Die meisten Elementarwesen wünschen sich ihr Handfasting im Frühling, denn das ist die verheißungsvollste Zeit, wenn die Erde von Liebe und Schönheit singt und die Samen sprießen und zu jungen Pflanzen werden. Tiere, Vögel und die ganze Natur paaren sich im Frühling, und wir Elementarwesen folgen der Harmonie der Jahreszeiten.

Mein Mädchen und ich hatten an diesem besonderen Tag im Mai, den wir *Beltane* nennen, unser Handfasting. Kennen Sie Beltane? Sie denken vielleicht, dass Sie es kennen, aber wissen Sie auch, wie die Naturgeister es feiern? Ich glaube, das wissen Sie nicht. Früher waren wir es, die die Menschen auf die Idee brachten, den Wechsel der Jahreszeiten zu feiern, aber das liegt so weit in der menschlichen Geschichte zurück, dass sie sich gar nicht mehr daran erinnern können. Ich erkläre Ihnen, wie wir das machen, ja?

Sie fragen sich vielleicht, warum Áine und ich Beltane für die Handfasting-Feier gewählt haben. Alle Elementarwesen wünschen sich den 1. Mai, weil er ein Fest der Fruchtbarkeit und des neuen Wachstums ist, und wir wollten, dass dieses Ritual unser Handfasting und die Jahre des Zusammenlebens segnet. Da wir uns alle diesen Tag wünschten, standen auch viele andere Paare, nicht nur Leprechauns, für die Trauung an. Es gab also einen kleinen Wettbewerb darum, wer den größten Dornenbusch für seine Veranstaltung bekommen würde. Der Trick bestand darin, früh aufzubrechen, den Strauch abzustecken und dann einen

Kumpel zurückzulassen, der auf ihn aufpasste, während man selbst zum Hübschmachen ging. Die Leprechauns waren auf der Suche nach ihrem Strauch, die Kobolde, die Trolle… Sie wissen schon. Wir waren alle auf der Suche nach einem Weißdorn, obwohl man, wenn man in der Klemme steckte, auch eine Eberesche nehmen konnte, aber damit hätte man nicht das gleiche Glück gehabt, also war das nicht die beste Wahl.

Deshalb hatte ich frühmorgens, bevor die Sonne aufging, einen großen Weißdorn markiert, und mein bester Kumpel von meinen Reisen, Shamus, sollte mich ablösen, damit ich gehen und mich hübsch machen konnte. Aber wo war er nur? Und wer, glauben Sie, tauchte als Nächstes auf? Mein damals gedungener Kobold.

»Was machst du hier?« fragte ich. »Ich habe diesen Dornenbaum für mein heutiges Handfasting gewählt.«

»Und wo ist dein Kumpel, der auf den Busch aufpassen soll?« fragte Declan und schaute verschmitzt.

»Er wird bald auftauchen«, antwortete ich und begann, mich zu wundern.

»Jetzt?« fragte Declan und grinste.

»Wird er nicht?« fragte ich besorgt.

»Damit würde ich nicht rechnen«, sagte er. »Er ist kein Einheimischer, er kennt sich hier nicht aus.«

»Und wo soll er sein?« fragte ich irritiert.

»Inzwischen sollte er auf der anderen Seite des Dorfes sein«, lachte er.

»Und warum dort?« Ich schaute auf meine Nägel und versuchte, lässig zu wirken.

»Ich glaube, er hat gehört, wie ich zu einem meiner Kumpels gesagt habe, dass du dorthin gegangen bist, anstatt hierher zu kommen.«

Declan hatte mich in der Tasche. Leprechauns lieben es eigentlich, zu verhandeln, um den besten Deal zu machen, aber das konnte ich mir an diesem Tag nicht leisten, und das wusste er ganz genau. »Wie hoch ist der Preis?« fragte ich und hätte ihm am liebsten eine in den Magen gehauen.

»Ich wollte eigentlich zwei Goldstücke sagen, aber jetzt sage ich drei«, erwiderte er, verärgert, weil ich kein guter Verlierer war.

»Woher willst du wissen, dass ich es dir nach meiner Hochzeitsfeier nicht heimzahle?« fragte ich, immer noch nicht bereit, mich geschlagen zu geben.

»Ich werde bis zum Feuer heute Abend nicht erreichbar sein, bis dahin musst du deine Missgunst mir gegenüber vergessen«, antwortete er grinsend.

»Das muss ich dir lassen. Du hast mich in der Hand«, sagte ich und versuchte es mit Humor, was nicht leicht war, denn Leprechauns trennen sich nicht so leicht von ihrem Gold. Er war ein großer Stratege! Er hätte einen tollen Leprechaun abgegeben.

»Dafür, mein Freund«, sagte Declan großzügig, »kannst du den Busch für zwei Goldstücke haben, und ich bleibe hier und passe auf ihn auf, bis dein wandernder Leprechaunfreund hier eintrifft.«

»Abgemacht«, sagte ich, spuckte auf meine Hand und streckte sie aus, um den Handel zu besiegeln.

»Abgemacht«, antwortete er, spuckte auf seine Hand und schüttelte meine.

Genau in diesem Moment tauchte Shamus auf, und genau in diesem Augenblick verschwand der Schurke Declan.

Shamus entschuldigte sich für seine Verspätung und sagte: »Tut mir leid, dass ich zu spät komme, aber ich dachte, es sei ein anderer Dornbusch.« Natürlich wollte er nicht zugeben, dass er von einem Kobold hinters Licht geführt worden war, und ich wollte es auch nicht erwähnen. Wir Leprechauns bewahren gerne unseren Stolz.

»Alles gut«, antwortete ich großzügig und ging sofort ins Haus, um mich um meine Hochzeitsvorbereitungen zu kümmern.

Da ich Junggeselle war und allein lebte, war das Haus in einem ziemlichen Zustand: Hier und da lagen Kleidungsstücke herum, ganz zu schweigen von schmutzigen Sachen. Ich will damit sagen, dass ein Frühjahrsputz notwendig war, bevor Áine kam.

Was tut man als Mann? Ich schickte eine Nachricht durch den Äther zu meiner Ma und bat um Hilfe. Es dauerte keine Minute, bis sie mit Besen, Mopp, Eimer, Seife, Lappen und dergleichen zur Tür hereinkam.

Offensichtlich hatte sie alles vorbereitet und wartete nur noch auf das Signal von mir.

»Raus jetzt«, sagte sie und schob mich durch die Tür. »Geh und pflücke Frühlingsblumen für das Bett und den Tisch.«

Das ließ ich mir nicht zweimal sagen und machte mich auf den Weg zum Ginster. Wir Elementarwesen haben ein Sprichwort: »Solange der Ginster blüht, blüht auch die Liebe.« Der Ginster blüht seit Äonen, also wollte ich mit ihm meine Liebe zu Áine zeigen. Außerdem verwenden wir Ginster bei unseren Beltane-Zeremonien, um das Feuer zu entzünden. Da überall Ginster wächst, fand ich ihn an allen Stellen. Ich besorgte Sträuße davon und achtete darauf, dass ich lila Heidekraut und Weißdorn für zusätzliche Farbakzente sammelte. Ein kluger Bursche weiß, was einem Mädchen gefällt, und ich wollte alles richtig machen.

Als ich in das Haus zurückkehrte, hatte Ma es hell und fröhlich hergerichtet. Sie nahm die Blumen und schmückte damit die Tür und den Tisch, entfernte die Blüten von dem duftenden Maibusch und streute diese auf das Bett. Sie machte alles so einladend wie möglich und sorgte dafür, dass Áine sich sofort als Teil unserer Familie fühlen würde. Ma ist in dieser Hinsicht weise. Bei ihrer Hochzeit hatte sie das von der Ma meines Pas gelernt. Sie hatte sogar meinen besten grünen Mantel gesäubert und meinen Hut, der schon einige harte Tage auf der Straße hinter sich hatte, so gut es ging wieder hergerichtet.

Ich zog mich eilig um und verabschiedete mich mit einem letzten Blick auf das Häuschen meiner Junggesellenzeit. Ich ging zur Tür hinaus und auf die Gasse, wo meine Freunde darauf warteten, mich zum Dornbusch zu begleiten. Es wurde gejubelt, und ich konnte sehen, dass einige einen Schluck Poitín getrunken hatten, um sich auf den besonderen Tag einzustimmen. Keine Sorge, ich hatte nicht einen Tropfen getrunken. Mein bester Kumpel Shamus legte mir einen Kranz aus Maibaumblüten um den Hals und jubelte noch mehr als die anderen. Es war ein Spaß, aber er hatte nicht daran gedacht, die Dornen zu entfernen. Aber ich wollte nicht meckern. Er bemühte sich, zu den Einheimischen zu passen. Stattdessen schob ich den Kranz unter den Kragen meines Mantels, um mir an diesem besonderen Tag nicht in die Halsschlagader zu stechen. Natürlich wusste ich, dass es viele Umarmungen geben würde, und ich wollte keine Verletzung riskieren.

Wir gaben der Gemeinschaft der Leprechauns Gelegenheit, sich zu versammeln, und machten uns in einer großen Prozession auf den Weg zum Dornbusch. Der Maibusch war mit Bändern und goldenen Kugeln geschmückt, und es war ersichtlich, dass die Leute viel Spaß beim Schmücken gehabt hatten. Ich wurde gebeten, mich an den Baum zu stellen, wo ich auf das Mädchen wartete. Ich sah sie über den Hügel kommen und staunte. In Áines schwarzes Haar waren Maiblumen geflochten, und sie trug einen Frühlingsstrauß, aber das wirklich Erstaunliche war, dass sie Weiß trug, wie eine menschliche Frau bei ihrer Hochzeit. Normalerweise trugen unsere Frauen zum Handfasting Grün, aber hier brach sie wieder einmal mit der Tradition. Mir und den anderen war klar, dass Áine angesichts meiner Neigung, mit den Menschen zusammenzuarbeiten, damit ihre Unterstützung für mich kundtat. Was für einen Mut sie hatte! Ich war so stolz auf sie.

Sie kam so nah, dass ich ihre helle Haut und ihre Sommersprossen schimmern sehen konnte. Da wurden mir die Knie weich. Einer unserer Leprechaun-Ältesten holte die Bänder für das Handfasting heraus, und gemeinsam streckten wir unsere Hände aus und berührten uns. Sie hatte weiche Haut, aber ich hatte keine Zeit, darüber nachzudenken, denn der Alte zog das Band zu fest an, so dass wir es lockern mussten, bevor es unser Blut abschnürte. Das sorgte für ziemlichen Wirbel, denn die Gemeinde dachte offenbar, wir hätten in letzter Minute Zweifel gehabt und wollten doch lieber getrennte Wege gehen.

Als Áine und ich das merkten, brachen wir in Gelächter aus, während ich mich an den Alten wandte und sagte: »Schneid uns los, Mann. Unsere Hände werden schon blau.«

Bei meinen Worten verstanden alle, was geschehen war, und johlten los, als Shamus rief: »Holt sie euch, bevor sie frei sind.« Alle stürzten sich auf uns, um uns zu umarmen, während wir noch aneinandergebunden waren. Es ist nicht üblich, dass sich Männer und Frauen berühren, deshalb umarmten die Frauen Áine und die Männer schlugen mir auf die Schultern.

Als wir uns schließlich befreit hatten, wurden wir in die größte Scheune unserer Gemeinde geführt, wo ein großes Festmahl für uns vorbereitet war. Das Handfasting war eine großartige Angelegenheit, und der Met floss in Strömen. Wir nehmen Guinness, wenn es nichts anderes gibt, aber wir bevorzugen Met, der aus dem Honig unserer kleinen Freunde, den Bienen, hergestellt wird. Es gab reichlich Schwarzbrot, Butter und Honig. Reichlich Milch und Sahne. Und Fiedler, Pfeifen, Trommeln und Quetschkommoden spielten fröhliche Melodien, und alle tanzten. Die meisten in der Gemeinde freuten sich über unsere Heirat, denn sie hatten sich Sorgen um das Mädchen und mich gemacht, weil sie dachten, dass wir der Gemeinde wegen unserer seltsamen Ideen und Verhaltensweisen abhandenkommen würden.

Die Feierlichkeiten lösten sich auf, als der Abend nahte, denn wir wollten alle zum Feuer gehen, um den zweiten Teil von Beltane zu feiern. Man braucht dazu ein großes Feuer, um das Alte loszuwerden und das Neue einzuläuten. Feuer ist das schnellste und stärkste Element, um das Alte wegzubrennen. An Beltane ist es bei uns Tradition, unsere Häuser zu reinigen und unsere besten Kleider anzuziehen, denn wir wollen für die Nacht gut aussehen. Das tun wir, um für die Festlichkeiten am Abend so attraktiv wie möglich zu sein. Und warum? Weil wir an Beltane tun können, was wir wollen, und am nächsten Tag freigestellt sind. Das bedeutet, dass, wenn eine Elfe auf einen Leprechaun steht und dieser Leprechaun auch auf die Elfe, sie sich für den Abend zusammentun können, ohne dass Fragen gestellt werden, während wir Elementarwesen uns bei solchen Dingen normalerweise streng an unsere Art halten. Sogar die Klatschtanten dürfen später nichts sagen, und niemand wird sich anschließend dazu äußern, was sie getrieben haben.

Es ist auch die Zeit, in der man, wenn man eine kranke Kuh hat, zum Feuer gehen und Segen erhalten kann. Die Heilung funktioniert auch bei uns. Naturgeister sind selten krank, nicht einmal im Alter, aber wenn wir falsch getreten sind und uns den Fuß verletzt haben, oder wenn eine Kuh darauf getreten ist, können wir unseren Fuß über dem heiligen Feuer räuchern, um ihn zu heilen. Ich höre die Menschen schon zweifeln. Das Hauptproblem bei der Heilung der menschlichen Schmerzen ist, dass Sie nicht daran glauben, dass es funktioniert. Wir Elementarwesen haben dieses Problem nicht. Wir wissen, dass es funktioniert, also funktioniert es.

Das bringt mich zu einer anderen Sache, die wir an Beltane tun. Nämlich den bösen Willen von jemandem zu vergessen. Vielleicht haben Sie sich schlecht über jemanden geäußert oder sogar die Wahrheit ein wenig verdreht, um sich auf Kosten eines anderen größer zu machen. Beltane bringt das in Ordnung. Sie warten, bis das Feuer lodert, nehmen dann einen rauchenden Zweig und geben ihn dem Geschädigten. Er nimmt den Zweig mit gutem Willen und umkreist Sie damit. Der Rauch brennt den bösen Willen weg. Wenn nun derjenige Ihnen zufällig auch etwas Böses angetan hat, gibt er Ihnen den Zweig zurück, und Sie umkreisen ihn damit und tun dasselbe. Dann bringen Sie den Zweig gemeinsam zurück zum Feuer. An Beltane wird also viel mit Zweigen gekreist, vergessen und verziehen. Auf diese Weise erhalten wir das Jahr über eine friedliche Gemeinschaft.

Alle Elementarwesen unserer Gemeinschaft versammelten sich an einem Feuer, da unser Dorf klein genug dafür ist. Auch gibt es den traditionellen Wettbewerb, bei dem die Männer testen, wer am höchsten über das Feuer springen kann. Das gilt als Zeichen der Tapferkeit, und der Mann, der gewinnt, wird an diesem Abend von den Mädchen am meisten begehrt. Leprechauns sind etwas stämmig und können das nicht so gut, deshalb wird von uns nicht erwartet, dass wir gut abschneiden. In der Regel sind die Kobolde und manchmal die Feldfeen die Gewinner, doch das ist alles nur Spaß und nicht so ernst.

Manchmal denken wir Leprechauns aber darüber nach, wie wir besser abschneiden können, und dies war einer dieser Momente. Anscheinend hatten einige der jungen Leute, die mir zugehört hatten, als ich ihnen von neuen menschlichen Sportarten erzählte, beschlossen, dass ich eine ausprobieren sollte. Sie hatten einen langen Ebereschen-Zweig abgeschnitten, die Seitenzweige entfernt und ihn mit Bändern und ein paar

Glocken geschmückt, die sie sich von einer Kuh geliehen hatten. Sie drückten mir den Zweig in die Hand und forderten mich auf, die menschliche Sportart Stabhochsprung vorzuführen.

Ich habe mit Leichtathletik nicht viel am Hut und hatte so etwas noch nie ausprobiert, und ich war auch nicht erpicht darauf, es in der Nacht meines Handfastings zu versuchen, wenn die ganze Gemeinde gafft. Also habe ich die Stange nicht genommen, aber gesagt: »Kommt schon, ihr jungen Leute. Versucht es doch selbst!«

»Sie sind der Experte. Zeigen Sie uns, wie es geht«, beharrten die jungen Leute.

Ein junger Leprechaun ergriff die Stange, machte alle auf sich aufmerksam, indem er auf mich zeigte und verkündete: »Your Man, der hier sein Handfasting feiert, wird den neuen Sport des Stabhochsprungs über das Feuer vorführen.«

Nachdem ich vorhin nur knapp einer Durchbohrung meiner Halsschlagader durch den Dornenkranz entgangen war, lief ich nun auch noch Gefahr, mir in der Nacht meines Handfastings das Gesäß oder Schlimmeres rösten zu lassen. Áines Augen klebten an mir, und sogar die Kobolde jubelten. Besonders Declan, dem ich noch zwei Goldstücke schuldete, freute sich über die Situation und feuerte mich an.

Da kann man nichts machen. Um mein Gesicht zu wahren, sollte ich lieber mutig sein. Ich versuchte mich an das zu erinnern, was ich über das Spiel gehört hatte, packte das Ende der Stange und rannte auf das Feuer zu, schaute, dass sich die Bänder nicht in meinen Zähnen verfingen, und sprang. Ich würde nicht sagen, dass es anmutig war, aber irgendwie schaffte ich es, ohne angesengt zu werden, und alle bejubelten den Versuch. Viele der jungen Leute bemühten sich, mir die Stange aus den Händen zu reißen, die ich bereitwillig losließ, und begannen, sich auf der Stange über das Feuer zu werfen, um zu sehen, wer am höchsten springen konnte. Keiner konnte die Kobolde schlagen, die den Wettbewerb eindeutig gewannen, aber es war ein Riesencraic.

Dementsprechend schritt der Abend voran und seltsame Paare begannen sich zu verabschieden. Ich ertappte Áine dabei, wie sie zu mir aufblickte und rot wurde, als sie meine Gedanken aufnahm. Ich verabschiedete mich von meinen Freunden, die mir zur Feier der Hochzeit Goldmünzen in die Hand drückten, und wollte zu meinem Mädchen gehen, als Declan mich am Arm packte.

»Hier ist das Gold, das ich dir versprochen habe«, sagte ich und gab ihm die beiden Goldmünzen.

»Vergiss das Gold«, antwortete er und gab mir das Gold zurück. »Wenn du wieder auf Wanderschaft gehst, sag mir Bescheid.« Mit diesen Worten drehte er sich um, schlenderte davon und ließ mich stehen.

Ich werde mich jetzt kurzfassen, es wird sonst zu persönlich. Sagen wir einfach, dass Áine und ich in das Crumpaun Cottage zogen. Sie und ich wollten sofort eine Familie gründen, aber das Glück war uns nicht hold. Ich spürte, dass alte Freunde an den Knotenpunkten mich dazu aufforderten, die Arbeit fortzusetzen, die wir begonnen hatten, und als ich Áine davon erzählte, ermutigte sie mich, mich ihnen anzuschließen. Sie war froh, zu Hause zu bleiben, auch wenn es noch keine Kinder gab, denn sie wollte sich in dem Cottage einrichten und Ordnung schaffen. Außerdem konnte sie so sowohl meine Familie als auch ihre eigene besuchen und der Gemeinde in Keel zeigen, dass sie ein respektables Mitglied war.

Arbeit mit Menschen

Alle Elementarwesen, die mit den Menschen zusammenarbeiten wollten, wurden nach Uisneach, einer der königlichen Stätten Irlands im Zentrum der Insel gerufen, um eine neue Gruppe zu bilden. Wir sprechen hier von Leprechauns, Trollen, Kobolden, Elfen, Feldfeen und vielen anderen. Die Suche nach einem Weg der Zusammenarbeit war etwas ganz Neues in unserer Welt der Elementarwesen. Ich bekam alles, was ich im Leben wollte. Ich war dankbar für das Glück, das ich mit meinem Mädchen und der Gemeinschaft in Keel hatte, und auch dafür, dass ich mit Menschen in der großen Welt zusammenarbeiten konnte. Aber es war an der Zeit, zu gehen.

Ich packte die Sachen zusammen, die ich unterwegs brauchte, um bei jedem Wetter und mit spärlicher Verpflegung draußen zu schlafen. Erstens braucht man festes Schuhwerk, und da Pa die besten machte, waren sie am einfachsten aufzutreiben. Dann gab es noch eine neue menschliche Erfindung – einen Mackintosh-Regenmantel –, perfekt für schlechtes Wetter, aber an einem Sommertag verursachte er eine Bullenhitze. Aber da der Herbst vor der Tür stand, war ich vorbereitet, denn unter dem Regenmantel hatte ich meine eigene Jacke. Von der und meiner braunen Wollhose würde ich mich nie trennen. Áine hatte mir einen schönen Wollpullover gestrickt, und als ich ihn für kühle Nächte in meinen Rucksack stopfte, strahlte sie vor Stolz.

Ich war gerade mit dem Packen fertig, als ich ein Klopfen an der Tür hörte. Ich öffnete und sah Declan mit einem Rucksack auf dem Rücken auf der Treppe stehen.

»Ich bin bereit zu gehen«, sagte er. »Wo bleibst du?«

»Wohin?« fragte ich und tat so, als hätte ich keine Ahnung, wovon er sprach.

»Uisneach, natürlich. Ich habe schon ewig gewartet, und jetzt ist es so weit. Ich dachte, wir könnten zusammen gehen und du könntest mich über die Gruppe aufklären, bevor wir dort sind.«

Es war ziemlich schlau von ihm, zu glauben, er würde vom Meister persönlich eine Einführung bekommen. Man musste seine Initiative annehmen. Das war der Anfang davon, wie ich einen Kobold unter meine Fittiche nahm.

»Gut. Warte draußen, während ich meinem Mädchen auf Wiedersehen sage, dann gehen wir ein Stück zusammen.« Ich schloss die Tür, drehte mich um, um mich zu verabschieden, und sah, wie Áine mir zwei Brote mit Honig und Butter in die Hand drückte, die ich mitnehmen sollte.

»Das wird dich bei Kräften halten«, verkündete sie, und ihre Augen glitzerten von zurückgehaltenen Tränen. Sie machte ein tapferes Gesicht, und ich war erleichtert, dass sie nicht fragte, wann ich zurückkommen würde, denn ich hatte keine Ahnung.

»Danke, Liebes«, sagte ich, umarmte sie und öffnete schnell die Tür, bevor auch ich in Tränen ausbrach.

»Dann mal los, Declan«, sagte ich mit meiner tiefsten männlichen Stimme, um ihm zu zeigen, wer der Ältere von uns beiden war. Als er etwas hinter mir lief, um mir zu beweisen, dass ich der Anführer war, wurde ich ruhiger.

»Warum willst du mit den Menschen zusammenarbeiten?« erkundigte ich mich neugierig.

»Ich habe deinen Geschichten gelauscht, und es klingt aufregend, nach etwas Neuem. In Keel ist es langweilig«, antwortete er.

»Es ist harte Arbeit, das ist Fakt«, sagte ich, um mich zu vergewissern, dass er nicht erwartete, in den Urlaub zu fahren.

»Ich habe keine Angst vor Arbeit. Ich habe meine Lauschaktionen zum Erfolg geführt, nicht wahr? Aber jetzt, wo ich es geschafft habe, suche ich nach etwas Sinnvollerem.«

»Das sind große Worte«, antwortete ich und versuchte zu entziffern, was er sagte. Leprechauns sind im Gegensatz zu Kobolden eher praktisch veranlagt, und ich wollte ihn aus den Wolken auf den Boden der Tatsachen holen.

Die Farbe stieg ihm in die Wangen, und Declan wandte den Blick ab, als er antwortete: »Es klingt vielleicht unkoboldhaft, aber ich bin nicht daran interessiert, den Leuten Streiche zu spielen. Ich passe nicht wirklich in die Gemeinschaft der Kobolde. Ich fühle mich mehr zu dem hingezogen, was eure gemischte Elementarwesen-Gruppe tut.«

Das war ein ziemliches Eingeständnis, besonders gegenüber jemandem, der nicht einmal zu seiner Art gehörte. »Keiner von uns, die wir mit Menschen arbeiten, hat das Gefühl, dass wir in die Traditionen unserer Art passen, also passt du gut zu uns«, antwortete ich und klopfte ihm auf die Schulter. Allerdings konnte ich nicht umhin, etwas Realismus einzuflechten. »Trotzdem, du bist noch jung, und es wird dich überraschen, wie gern du an dein Zuhause und Keel denken wirst, wenn du eine Weile unterwegs bist.«

Nachdem wir uns auf einander eingestellt hatten, machten wir uns auf den Weg nach Uisneach. Uisneach ist sowohl für Leprechauns als auch für Menschen heilig, daher war es der ideale Ort für ein Treffen der beiden Gruppen. Um es klarzustellen: Viele der Menschen kamen in ihren Ätherkörpern, nicht in ihren physischen Körpern. Diese Menschen waren Leute wie Rudolf Steiner und andere Weise, die mit den Elementarwesen arbeiten wollten. Unter den Menschen befanden sich viele Barden, Heiler und Heckenlehrer,* die viel von den alten Überlieferungen in Irland kannten. Überraschenderweise gab es auch einige Frauen und Männer, die nicht nur aus Irland, sondern auch aus ganz Europa kamen.

* Heckenschulen entstanden in Irland, um Kindern im 18. und 19. Jahrhundert trotz des Verbots von Schulunterricht und der irischen Sprache durch die britische Besatzungsmacht heimlich Bildung zu ermöglichen, indem sie an abgelegenen Orten, etwa in zerstörten Gemäuern, Feldscheunen oder im Schatten von Hecken, unterrichtet wurden.

Ich für meinen Teil muss sagen, dass meine Rolle nicht unbedeutend war, denn ich war bereits ein Wegbereiter für viele andere, vor allem für Leprechauns. Zwölf Menschen wurden bestimmt, um mit jedem der zwölf Elementarclans zu arbeiten, und ich wurde zum Leiter der Leprechaungruppe ernannt. Ein Hochkönig der Elfen hatte seine Waldelfen ausgesandt, um mehr über unsere Gruppe in Erfahrung zu bringen, und als er ihren Bericht hörte, schloss er sich uns selbst an. Einer der Koboldoberhäupter gehörte zu unserer Gruppe, aber zu diesem Zeitpunkt hatte er noch nicht allzu viel Macht. Da die Kobolde einen schlechten Ruf haben, beobachteten die anderen Elementarclans, ob er vorhatte, den Vorgang durcheinanderzubringen. Aufgrund dieser Entscheidung und jetzt, da ich Declan besser kennengelernt hatte, begann ich, meine Vorurteile als ungerechtfertigt zu betrachten. Es ist schwer, ein Vorurteil zu überwinden und noch schwerer, andere dazu zu bringen, ihre Vorurteile zu überwinden, wenn sie nicht dieselben positiven Erfahrungen gemacht haben wie ich. Als ich beobachtete, wie Declan das Geschehen beobachtete und wie er sich zwischen die Leprechauns und die Kobolde stellte, wusste ich, dass er abwartete, um zu sehen, aus welcher Richtung der Wind wehte. Er war ein schlaues Kerlchen.

Einige Trolle und ihre Anführer kamen extra aus Schweden und Norwegen, um Verbindung mit uns aufzunehmen. In der Tat waren verschiedene Arten von Gnomen und Elementarwesen, die auf dem Kontinent eigene Gruppen bildeten, gekommen, um sich vorzustellen und mehr über unsere Organisation zu erfahren. Sie waren eher Beobachter, und wir wurden im Gegenzug eingeladen, Beobachter für ihre Kreise auf dem Kontinent zu sein.

Menschen und Elementarwesen all dieser Arten kamen aus all diesen Ländern zusammen, um den besten Weg der Zusammenarbeit zu finden. Wir fanden heraus, dass die Vertreter sowohl der Elementarwesen als auch der Menschen im Grunde vor allem der natürlichen Welt helfen wollten, die seit dem Beginn des Industriezeitalters so sehr leidet. Wir wussten, dass eine Partnerschaft der richtige Weg war, denn wir alle hatten Fähigkeiten, die die anderen brauchten. Die Menschen beispielsweise manifestieren durch ihren tätigen Willen, was sie in der materiellen Welt wollen; sie sind sich jedoch nicht bewusst, wie ihre Gedanken und Gefühle ihre physische Welt beeinflussen. Die Elementarwesen hingegen, die in der höheren Astralwelt leben, wissen, wie unsere Gedanken und Gefühle Formen schaffen, nicht nur in unserem Reich, sondern auf allen Ebenen, aber sie haben nicht den starken Willen, um die physische Welt ohne menschliche Hilfe zu verändern.

Nachdem wir uns kennengelernt und die Oberhäupter der einzelnen Arten ernannt hatten, war es an der Zeit, dass jeder Naturgeist und jeder Mensch einen Partner wählte, mit dem er arbeiten wollte. Steiner und ich wählten einander, da wir bei unseren früheren Treffen bereits ein Band geknüpft hatten. Die Arbeit mit den Elementarwesen war nicht seine einzige Aufgabe, aber sie war Teil davon. Außerdem war ich nicht der einzige, mit dem er zusammenarbeitete, denn er hatte die Berufung, mit Elementarwesen von allen Arten zu arbeiten. Das bringt mich zu meinem nächsten Punkt, nämlich dass ich nicht übersehen konnte, dass auch ich Elementarwesen der unterschiedlichsten Arten anzog. Steiner und ich waren uns also auch in dieser Hinsicht ähnlich.

Er beschloss, die Menschen in Büchern und Vorträgen über die Bedeutung der Arbeit mit den Elementarwesen aufzuklären. In diesen Büchern und Vorträgen sprach er über unsere Aufgaben und darüber, dass es ohne die Elementarwesen keine Steine, Bäume, Pflanzen oder Wasser gäbe – eigentlich gar nichts, denn wir sind die Baumeister der Form in der Welt. Als ich sein Tun verfolgte, fasste ich den Entschluss, um die Erde zu reisen, um die Naturgeister zu treffen und ihnen von den Menschen zu erzählen, die mit uns zusammen eine schöne und gesunde Welt erschaffen wollten. Steiner und ich arbeiteten gut zusammen; er schickte mir Menschen und ich schickte ihm Elementarwesen.

Elementarwesen können in Raum und Zeit reisen, daher war es einfach, in andere Länder zu reisen, man musste es nur denken. Außerdem kommunizieren die Wesen in der Astralwelt mit Telepathie, so dass es kein Problem war, sich in verschiedenen Sprachen zu verständigen – für Menschen in der physischen Welt ein Problem. Schwierig für uns war es, sich in andere Sitten einzufühlen und ungewohnte Lebensmittel zu essen. Leprechauns sind in solchen Dingen ziemlich traditionell, und ich gebe zu, dass das für mich eine Herausforderung war. Zum Beispiel ist dieses fluffige französische und italienische Zeug, das sie dort »Brot« nennen, schrecklich im Vergleich zu unserem irischen Haferbrot, das ein richtiges Essen mit Substanz ist. Eines der besten Dinge war jedoch die Verkostung der verschiedenen Getränke, und ich habe natürlich unseren Poitín mitgebracht, um ihn verkosten zu lassen. Es war großartig, ihren Honig zu probieren und unseren kosten zu lassen.

Überall, wohin ich auch reiste, fand ich Elementarwesen, die interessiert waren, sich unserer Gruppe anzuschließen, um mit den Menschen zusammenzuarbeiten. Ich freute mich, wenn ich Elementarwesen verschiedener Arten anzog, und meistens waren es die jungen Leute. Mehr und mehr entdeckte ich, dass ich die Traditionen dieser verschiedenen Kulturen respektieren und versuchen musste, mich anzupassen. So trug ich auf Hawaii Leis und Grasröcke; in Amerika war ich im Westen in Tipis unterwegs und überstand eine Schwitzhütte; und in Afrika trug ich oft nur einen Lendenschurz, so dass meine zarte Haut fürchterlich sonnenverbrannt wurde. Elementarwesen bevorzugen das Leben auf dem Land und sind den Einheimischen meist näher als den modernen Stadtbewohnern, da die Einheimischen der Erde näher sind. Folglich fand ich viele Anhänger dort. Steiner hingegen verstand es, Naturgeister und Menschen aus den Städten anzulocken, und nach und nach schlossen sie sich mit den Landbewohnern zusammen.

Sie fragen sich vielleicht, ob ich jemals nach Keel und zu mir nach Hause zurückgekehrt bin. Natürlich bin ich das, aber nicht so oft, wie ich wollte. Zeit in unserer Welt der Elementarwesen ist nicht dieselbe wie die menschliche Zeit, und ich wusste, dass Steiner nicht so viele Jahre für seine Aufgabe zur Verfügung hatte wie ich für meine. Deshalb fragte ich mich immer wieder, wer ihn ersetzen würde, wenn er älter wurde. Es war so, dass er weniger Jahre zur Verfügung hatte als gehofft, aber wir hatten gute Arbeit bei der Gründung von Elementar- und Menschengruppen geleistet, bevor sein Ende kam. Zu diesem Zeitpunkt war die gesamte

Gruppe viel größer und stärker, und alle Elementarwesen und Menschen waren sehr engagiert.

Nachdem er gestorben war, ging ich nach Hause, um mich auszuruhen. Ich unternahm immer noch Streifzüge in die Welt, um die jungen Leute zu unterrichten und die Gruppen zu unterstützen, die bereits etabliert waren, aber es war nicht mehr so hart wie in der Anfangszeit. Es war eher eine Zeit stetigen Wachstums. Ich war zu einer Art Anführer geworden, und infolgedessen klopften oft Elementarwesen aus anderen Teilen Irlands und sogar aus anderen Ländern an meine Tür. Mein Mädchen Áine hat sie immer freundlich empfangen und ihnen Tee und Kuchen angeboten. Es war also ein gutes Leben, ich hatte sowohl ein Zuhause als auch eine sinnvolle Arbeit.

Ich nehme an, die großen Wesen, die über uns wachen, wollten nicht, dass ich mich zu sehr in Gewohntem festsetze, denn ich spürte allmählich eine weitere Veränderung. Ahhh, sicher, die Welt hat sich schon oft verändert, aber ich meine etwas, das ganz besonders die Arbeit zwischen Menschen und Elementarwesen betraf. Zu diesem Zeitpunkt, Jahrzehnte nach Steiners Tod, kam ein anderer menschlicher Partner nach Crumpaun Cottage und trat einfach durch die Tür. Es war Tanis. Sie war weiblich, eine Mischung aus Stadt- und Landmädchen und jung genug, um mir noch viele Jahre als Partnerin zu dienen. Sie hatte mystische Gaben, konnte alles hören, was ich ihr beibrachte, und war nicht so festgefahren, so dass man ihr beibringen konnte, für uns zu arbeiten. Mit anderen Worten: perfekt. Wie auch immer, ich habe keinen Grund, die Geschichte unserer Begegnung noch einmal zu erzählen, denn sie wird in unserem ersten Buch *Elfensommer* erzählt, das wir zusammen geschrieben haben, ganz zu schweigen von all den anderen Büchern, die wir gemeinsam verfasst haben.

Ich könnte euch von meinem Leben zu Hause erzählen, als ich wieder in dem Cottage in Keel lebte, aber mein Mädchen hat eine andere Idee. Áine hat deutlich gemacht, dass sie ihre Geschichte jetzt selbst erzählen will, und da sie für das Haus zuständig ist, meint sie, sie sei die Expertin für den nächsten Teil. Ich kann es ihr nicht verübeln, dass sie mitwirken will. Sie hat gesehen, wie viel Spaß es mir macht, meine Geschichte zu erzählen, und will es jetzt auch versuchen. Seien Sie nachsichtig mit ihr, es ist ja ihr erstes Mal.

Es ist nicht schwer, mein süßes Mädchen zu beschreiben. Sie ist nicht ganz so groß wie ich, hat die hellsten blauen Augen und helle Haut, die mit Sommersprossen übersät ist, und ihr glänzendes schwarzes Haar fällt ihr bis zur Taille. Wenn Sie sich über ihre Kleidung wundern, muss ich sagen, dass sie in letzter Zeit in diesem Bereich eigenartig geworden ist, weil Tanis sie mit menschlichen Modevorstellungen infiziert hat. Áine hat ihre traditionelle Jacke und ihren Rock gegen Hosen eingetauscht. Können Sie sich das vorstellen?

Sie war ganz versessen darauf, ihre Geschichte zu erzählen, und nachdem sie mir zum Abschied zugewinkt hatte, fing sie sofort an.

Die Geschichte des Leprechaunmädchens

Der Grund, warum ich mit Ihnen sprechen möchte, ist, dass Himself (das ist Lloyd) die Geschichte der Frau nicht richtig verstehen würde und es wichtig ist, die Ähnlichkeiten und Unterschiede in den Rollen von Männern und Frauen in der Menschen- und Leprechaunwelt klarzustellen. Anders als in der Menschenwelt haben Männer und Frauen in der Welt der Elementarwesen unterschiedliche Rollen. Normalerweise sprechen wir nicht miteinander über unsere unterschiedlichen Rollen, obwohl mein Mann und ich mehr miteinander reden als andere Paare, die wir in der Gemeinschaft der Leprechauns kennen. Er betrachtet meinen Verstand als eine gute Quelle für Informationen, Wahrnehmung und gesunden Elementarwesenverstand. Dennoch ist es nicht dasselbe, mit ihm zu sprechen, wie mit einer Frau.

In menschlichen Elfengeschichten gibt es nur männliche Leprechauns, und man könnte meinen, dass es überhaupt keine weiblichen gibt, aber das ist ein Irrtum. Es ist wahr, dass in unserer Leprechaungesellschaft die Männer das Reden übernehmen und den Menschen ihre schlauen Spiele vorspielen. Wenn Sie jemals einen weiblichen Leprechaun sähen, könnten Sie denken, es handle sich um ein Heinzelmännchen oder etwas Ähnliches, da wir oft ungefähr die gleiche Größe und Statur haben. Ich zum Beispiel reiche etwa bis zum Herz meines Mannes, was in menschlichen Maßstäben etwa dreieinhalb Fuß ist, aber er ist groß für einen

Leprechaun, und wir sind beide ein bisschen stämmig – auf eine gute Art und Weise, versteht sich. Außerdem haben sich Leprechaun- und Heinzelmännchenfrauen früher gar nicht so sehr unterschieden. Damals trugen wir Frauen lange Röcke, die uns bis zu den Knöcheln reichten, eine Schürze und manchmal eine geblümte Bluse. Wenn wir uns für eine Hochzeit oder ein besonderes Ereignis herausgeputzt hatten, trugen wir ein enganliegendes Jäckchen und einen Gürtel mit einer schönen Schnalle. Wir hatten sogar Schnallen an unseren Schuhen.

Frauen gehen nicht so viel aus, sondern bleiben zu Hause und kümmern sich um die Kleinen, und wenn wir uns treffen, tratschen wir Frauen meistens – wahrscheinlich über unsere Männer. Jedenfalls habe ich mich von klein auf unter anderen Frauen unwohl gefühlt, weil viele meiner Interessen anders sind. Ich versuche jedoch, mich anzupassen. Wie Himself gesagt hat, hat es Mut erfordert, sich für die Heirat mit ihm zu entscheiden, denn wir Elementarwesen können den Weg eines Menschen sehen, bevor er ihn überhaupt begonnen hat. Wir können die Zukunft genauso klar sehen wie die Gegenwart. Himself war an eine Weggabelung gekommen, und hätte sich entscheiden können, als Schuster im Dorf zu bleiben, aber ich konnte erkennen, dass er nicht diese Zukunft wählen würde.

Ich hätte auch beschließen können, eine traditionelle Frauenrolle im Dorf zu übernehmen, aber das hätte mich erdrückt. Ich war nur dann wirklich glücklich, wenn ich in den Hügeln umherwandern und vom Wind und den Naturelementen lernen konnte. Elementarwesen können hören, was der Wind erzählt; er verrät uns, was an anderen Orten der Welt passiert. Das ist eine der Möglichkeiten, wie wir Informationen aufnehmen. Wenn sie wollten, könnten Menschen dem Wind ebenso zuhören, und sie würden dann dieselben Geschichten hören.

Wir liegen zwar abgelegen auf Achill, aber ich hatte vom Wind gehört, was im übrigen Irland und sogar auf dem Kontinent geschah. Ich hatte von den Kriegen gehört und von dem, was wir Iren die »Hungersnot« nennen. Auch wir Elementarwesen waren von der Hungersnot betroffen. Wir entziehen der Nahrung die Essenz, und es war nicht leicht,

Hafer für »Stiraway« zu bekommen. Wir Naturgeister nennen den Haferbrei so. Er ist ein Grundnahrungsmittel für uns. Die Menschen konnten damals keine Nahrung für die Elementarwesen bereitstellen, da sie kaum selbst genug hatten, und wir wollten ihnen auch nichts wegnehmen, da sie in so großer Not waren und in Scharen starben. Daher waren auch wir hungrig. Sie denken vielleicht, dass es nur eine Hungersnot gab, es gab Ende der 1870er-Jahre eine zweite, und das ist die Hungersnot, von der ich spreche. Sie wird »kleine Hungersnot« genannt, aber im Westen Irlands, wo wir lebten, war sie keineswegs klein. Wir nannten sie »Gorta Beag« – die kleine Hungersnot, aber klein nur im Vergleich zur großen, »Gorta Mór«.

Wir waren auch hungrig nach guter Laune. Guter Craic, falls Sie das nicht wissen, ist Lachen, Singen, Tanzen und Scherzen, und Craic ist für uns genauso wichtig wie die eigentliche Nahrung. In jenen Tagen gab es keinen guten Craic mehr, und wir wurden dadurch genauso geschwächt wie durch alles andere. Die Frauen trugen dunklere, düstere Kleidung und nicht ihre roten Westen und grünen Röcke. Sie trugen mehr Braun und sogar Schwarz, als ob sie mit den Menschen trauerten. Es war ein trauriger Anblick. Es war traurig für uns, es mitzuerleben.

Obwohl ich noch zu jung war, um zu heiraten, war mir klar, dass ich als Heiratsvermittlerin enden würde, wenn ich keinen passenden Mann fände. Das ist kein Job, den ich anstrebte. Ich wollte eine Familie gründen, Gesellschaft haben und nicht allein leben. Auch wenn es so aussah, als wolle ich allein sein, wenn ich durch die Hügel wanderte, so war es nur, damit ich ein bisschen Abwechslung hatte und dem Wind lauschen konnte. Wenn ich mit den tratschenden und schwatzenden Frauen im Dorf zusammen war, konnte ich den Wind nicht hören.

Der Wind war mein Lehrer, der mich über die Menschen unterrichtete und darüber, wie sie und die Elementarwesen in anderen Gegenden lebten. Sie lesen Bücher, um die Geschichte zu lernen, aber in früheren Zeiten gab es auch mündliche Lehren von Barden und Heckenlehrern, die die Geschichte über Generationen hinweg weitergaben. Aber woher, glauben Sie, hatten sie diese mündliche Überlieferung und die Fähigkeit, sich an alles zu erinnern? Sie lauschten dem Wind. Ein Mensch würde das, was ich sage, sehr selten so ausdrücken. Stattdessen würden Sie etwas sagen wie »ein kleiner Vogel hat es mir zugezwitschert«, was allerdings dasselbe ist.

Elementarwesen können auch andere Sprachen lernen, indem sie dem Wind lauschen. Das ist für Elementarwesen jedoch nicht notwendig, denn wir sprechen telepathisch miteinander. Eine andere Möglichkeit, wie Elementarwesen Informationen aufnehmen, ist über Wassergeister, die in heilenden und heiligen Brunnen leben. Ist Ihnen jemals aufgefallen, dass manches Wasser heilend ist und manches nicht? Sie fragen sich vielleicht, warum. Es liegt an den Wassergeistern, die im Wasser leben. Sie haben sich der Heilung verschrieben und lieben es, Tiere, Elementarwesen und sogar Menschen zu segnen, die zu ihren Gewässern kommen.

Manchmal setzte ich mich an einen Teich oder ging am Meer spazieren, wo ich den Großen im Meer zuhören konnte, die darüber sprachen, was in der Welt geschah. Die kleinen Leprechauns erzählten die gleichen Geschichten wie die großen, denn sie sind alle durch das Element Wasser miteinander verbunden. Genauso können die kleinen Elementarwesen der Luft – wir nennen sie »Sylphen« – die gleichen Geschichten erzählen wie die Großen, weil sie alle durch das Element Luft verbunden sind. Die Großen erzählen die Geschichte lauter und gründlicher. Sie machen nicht nur eine Andeutung, sondern erzählen die ganze Geschichte.

Auch das Land erzählt seine Geschichten. Wenn man in Keel in das Torfmoor geht, kann man hören, was das Land von den Menschen erzählt, die dort vor Tausenden von Jahren gelebt haben. Als ich noch jung war, ging ich manchmal in der Nähe von Slievemore spazieren; damals lebten dort noch Menschen. Nach der Hungersnot verließen die Menschen Slievemore. Aber es gibt dort immer noch Naturgeister.

Durch die Wasser-, Luft- und Land-Elementarwesen bekam ich Informationen über die unangenehmen Veränderungen in der Welt, die sich auch auf die Elementarwesen auswirkten. Das brachte mich auf den Gedanken, dass ich vielleicht, wie mein Mann, auf Reisen gehen müsse. Aber das wollte ich nicht. Ich wollte im Dorf bleiben, um ein Zuhause und eine Familie zu haben. Ich war Leprechaun genug, um so zu denken, und auch keine der Waldelfen, die gut zu Fuß sind. Wussten Sie, dass die Füße der Leprechauns im Vergleich zu denen der Elfen im Verhältnis zu unserem Körper größer sind, weshalb wir mehr Bodenhaftung haben? Als Lloyd von seiner Wanderung zurückkehrte und sich für mich interessierte, war er also die beste Option für mich. Himself hatte diesen Menschen, Rudolf Steiner, bereits kennengelernt, und sie hatten bereits eine Beziehung, so dass ich wusste, was ich durch die Hochzeit alles mitbekommen würde. Himself war vermutlich der aufregendste Partner, den ich finden konnte, und er empfand das gleiche für mich. Leprechauns tun sich gerne mit Leprechauns zusammen. Wir Elementarwesen mögen es nicht, unsere Arten zu vermischen.

Nach unserer Trauung blieb ich zu Hause, und er ging auf Reisen. Das passte mir gut. Denn er war schon in das Cottage eingezogen, bevor ich ihn kannte. Zu dieser Zeit lebte eine Frau – ein Mensch also – mit mir in Crumpaun Cottage. Sie hatte ein Zimmer als Schlafzimmer, Himself und ich hatten ein anderes, und die Frau und ich teilten uns das Wohnzimmer und die Küche. Ich machte es mir recht gemütlich. Ich glaube, sie konnte mich wahrscheinlich spüren, aber wir beide kamen gut miteinander aus. Manchmal kam ein junger Neffe von ihr zu Besuch und wohnte dann in unserem Zimmer. Vielleicht hat er mich auch gesehen, wir kamen jedenfalls alle gut miteinander aus. Es gab keine Probleme.

Eines der attraktivsten Dinge an Himself war aus meiner Sicht, dass er sich im Dorf niederlassen und Teil der Leprechaungemeinschaft werden wollte. Wir hatten eine Zeit lang keine kleinen Kinder, und das wäre auch nicht das Richtige gewesen. Ich musste mich daran gewöhnen, allein zu leben, wenn er nicht da war, und das war meistens der Fall. Außerdem musste ich lernen, mich unter die anderen verheirateten Frauen zu begeben. Es gibt Geheimnisse, die verheiratete Frauen haben, die nicht verheiratete Frauen nicht haben, deshalb vermischen sich die beiden Gruppen nicht.

Die verheirateten Frauen akzeptierten mich jetzt mehr als vor meinem Handfasting. Sie waren gut darin, mir zu entlocken, was Himself tat, mit wem er zusammenarbeitete und was geschah. Sie hörten nicht auf den Wind, wie ich es tat. Sie hatten genug damit zu tun, sich miteinander zu unterhalten und selbst Wind zu machen. Ich hätte ihnen Geschichten aus meiner Sicht erzählen können, aber wenn ich sagte, dass sie von ihm stammten, haben sie sie ernster genommen. Ich musste so tun, als hätte ich die Informationen aufgeschnappt, als ich Himself mit anderen Männern plaudern hörte, und durfte nicht sagen, dass er tatsächlich mit mir sprach. Sie wären aufgebracht gewesen, wenn sie gewusst hätten, dass ich mit ihm abends am Feuer saß und redete und dass er mir Dinge erzählte, als wäre ich ein Mann. Das ist sonst nicht üblich zwischen Männern und Frauen – jedenfalls nicht, wenn man ein Leprechaun ist.

Ich weiß, dass die Menschen gerne etwas über unser »Privatleben« wüssten, aber ich kann nur sagen, dass wir die Empfängnis auf die gleiche Weise durchführen wie die Menschen. Körperlich gesehen, meine ich… Ohhhh, jetzt werde ich rot. Nun, um das Thema zu wechseln, Elementarwesen haben viel mehr Einfluss darauf, was für ein Kind sie haben wollen, als Menschenfrauen. Ich konnte entscheiden, welche Art von Jungen ich wollte. Ich hätte mir auch ein Mädchen gewünscht, aber die Energie meines Mannes war so stark, dass klar war, dass ich nur Jungs haben würde. Alle Leprechaunfrauen wollen ein kleines Mädchen, das sie erziehen und unterrichten können und das im Haushalt helfen kann. Da die Rollen von Männern und Frauen sehr verschieden sind, hatte ich alle Hände voll zu tun mit drei Männern und keinem Mädchen, das mir hilft.

Erst kam der erste, dann der zweite. Als Tanis 1985 in unserem Haus wohnte, sagte sie, dass die Jungen etwa wie fünf und acht Jahre alt aussahen, aber in Wirklichkeit waren sie viel älter als das. Sie wären damals etwa zwanzig Menschenjahre alt gewesen, auch wenn sie für Menschen nicht so aussahen. Da wir sehr langlebig sind, – sogar Hunderte von Jahren alt werden –, bleiben unsere Kinder lange Zeit Kinder.

Allerdings habe ich nie mit Menschen gesprochen. Tanis hielt mich für ein wenig albern, als sie mich kennenlernte, und ich kann nicht behaupten, dass es mir gefällt, so gesehen zu werden, also stelle ich die

Geschichte jetzt richtig. Um ehrlich zu sein, wollte ich damals nicht mit ihr reden, weil ich mich nicht wohl dabei fühlte, mit einem Menschen zu reden. Das war mir zu weit weg gewesen von der Art, wie Leprechauns Dinge tun. Die Gespräche zwischen meinem Mann und Tanis habe ich wohl mitbekommen, aber mein Hauptaugenmerk lag darauf, mit den beiden Jungs zu Hause zu bleiben.

Allerdings wurde mir klar, dass eine Menschenfrau ein Segen sein konnte, wenn sie Bilderbücher für die Kleinen mit nach Hause brachte. Sie sahen sich die Bilder der Elementarwesen an und erfuhren, wie Menschen Bücher lesen. Ich war stolz auf sie, dass sie sich dafür interessierten, und stolz auf meinen Mann, dass er den Kleinen die menschliche Art des Lesens näherbrachte. Und als sie uns Tee und Toast mit Honig zubereitete und sich mit uns an den Tisch setzte, war das ebenfalls eine große Freude.

Wir hatten Glück mit den Menschen, die mit uns im Cottage wohnten. Die Besitzer wussten, dass wir hier waren und nannten es das »Elfenhaus«. Als Tanis dann hier wohnte, waren die Besitzer nur an den Wochenenden und im Sommer hier, und so hatten wir das Haus für uns allein. So wollen wir es auch haben. Da Himself immer mehr mit Elementarwesen und auch Menschen zu tun hat, ist es schön, wenn die Gäste wieder abreisen und allein im Cottage zu sein.

Nachdem Tanis abgereist war, waren wir von dem nächsten Paar, das Vollzeit eingezogen war, nicht begeistert. Sie passten nicht zu uns oder zu den Schwingungen des Hauses. Sie lebten sich nicht ein, und ich muss sagen, wir machten es ihnen auch etwas schwer, indem wir Dinge vom Tisch nahmen und nachts die Türen aufschlossen, um sie zu vertreiben. Sie glaubten mit der Zeit, dass es in dem Haus spuke. Sie gingen sogar ins Dorf und sprachen mit den Einheimischen darüber, dass es in Crumpaun spuken würde, und natürlich spukte es dort – *wir* spukten. Wir wollten, dass sie das glauben. Normalerweise bemühen wir uns, mit den Menschen, mit denen wir unser Zuhause teilen, gut auszukommen und die Dinge einfach zu halten, aber diese wollten wir loswerden. Also haben wir ihnen einen kleinen Schubs gegeben. Sogar unsere Kobold-Nachbarn sind gekommen, um uns zu unterstützen; sie sind immer bereit, bei so etwas mitzuhelfen. Normalerweise müssen wir sie zurückhalten, aber in diesem Fall haben wir sie um Hilfe gebeten. Die Kobolde sind die schlauesten und klügsten, wenn es darum geht, einen Menschen loszuwerden, ohne ihn zu töten, versteht sich.

Allmählich, als die Arbeit von Himself auch außerhalb von Keel immer bekannter wurde, kamen fremde Menschen und Elementarwesen in unser Cottage. Ich lud sie ein, machte ihnen Tee und ging dann ins Hinterzimmer. Doch ich hörte gerne ihre Gespräche mit und lernte und veränderte mich dadurch. Außerdem saßen mein Mann und ich abends, nachdem wir die Kinder ins Bett gebracht hatten, am Feuer, und er erzählte mir von seinen Reisen, und ich lernte von ihm. All dieses Lernen ließ mich bedauern, dass ich kein kleines Mädchen hatte, mit dem ich all das hätte teilen können. Das Universum muss sich meiner erbarmt haben, denn um diese Zeit kamen junge weibliche Leprechauns aus dem Dorf, mich zu besuchen, um Geschichten zu hören, und so fühlte ich mich nicht mehr so allein. Das war ein langsamer Vorgang. Natürlich beklage ich mich nicht, denn ich habe mir dieses Cottage ausgesucht, um von den anderen weg zu sein. Leprechauns sind Einzelgänger, nicht so wie Feldfeen, die in Scharen leben.

Ich würde Ihnen gerne von meinen Jungs erzählen. Fangen wir mit dem jüngeren an, denn der ältere – Liam – will selbst zu Ihnen sprechen. Er ist nicht mehr in einem Alter, in dem er auf seine Mutter hörte. Der jüngere, Finn, ist eher wie ich. Er ist ein bisschen ein Träumer, abenteuerlustig und spielt gerne Flöte, Bodhrán (Anm. d. Ü.: eine irische Rahmentrommel) – eigentlich jedes Musikinstrument. Finn ist so etwas wie ein Barde in der Elementargemeinschaft, was für einen Leprechaun ein ungewöhnliches Handwerk ist. Normalerweise würde sich eher ein Elf für den Beruf des Barden entscheiden, aber Finn ist zu den Elfen gegangen, um dort zu lernen. Er hat Talent, und die Elfen haben es erkannt. Die Elfen haben ihn gerne als Lehrling akzeptiert, und das ist eine weitere Veränderung in unserer Welt. Finn hat die Historie und die Geschichten der Leprechauns vertont und hält auf diese Weise unsere Traditionen am Leben. Er kann auch Fiedel und eine kleine Harfe spielen, die er am liebsten bei sich trägt, wenn er auf Reisen ist, damit er überall Musik machen kann.

Finn ist ein Wanderer wie sein Vater, und obwohl man ihn für einen Teenager halten würde, ist er in letzter Zeit mit Himself auf Reisen gegangen. Die Elfen haben ihn dazu ermuntert, weil sie glauben, dass es gut für Finn ist, mit seinem Vater unterwegs zu sein und Geschichten von Elementarwesen und Menschen zu hören. So gehört er zur gleichen Gruppe wie sein Vater, der mit den Menschen arbeiten will. Der junge Finn hat einen Fuß in beiden Lagern. In unserer Welt der Naturgeister wird er ein Barde, und im menschlichen Lager wird er die Geschichten der Menschen und Elementarwesen zusammenbringen. Wir wissen nicht, wo er sich letztendlich niederlassen wird, vielleicht wird er diese beiden Wege auch miteinander verweben. Es bedarf eines guten Webers, um alte Traditionen am Leben zu erhalten und zugleich Neues einzubauen. Finn ist ein Weber. Ich bin auch eine Weberin, und viele der Leprechaun- und Brownie-Frauen im Dorf sind Weberinnen. Mein Sohn webt also Lieder, und wir sind stolz auf ihn.

Ich nenne meinen ältesten Sohn Liam »Rowdy«; wir müssen streng mit ihm sein, um ihn bei der Stange zu halten. Er will nichts mit den alten Gebräuchen zu tun haben und treibt sich immer mit den rauesten Elementarwesen herum, denjenigen, die am unzufriedensten sind, und dazu gehören die rüpelhaftesten Kobolde und Elfen. Liam hatte eine schwere Kindheit, da sein Vater nicht oft da war und ich mich um den Jüngeren kümmern musste. Der Ältere war also viel auf sich allein gestellt, und wir haben gleichaltrige Kobold-Nachbarn, deshalb hat er sich mit den Kobolden herumgetrieben. Manchmal habe ich das Gefühl, dass er mehr von einem Kobold als von einem Leprechaun hat.

Ich glaube, ich sollte es ihm überlassen, seine Geschichte zu erzählen. Selbst jetzt, da ich ihn herbeirufe, ist er im Pub und nimmt den Menschen ihr Guinness weg, bevor sie es trinken können. Als nächstes werden sich die Menschen beim Wirt über das schlechte Bier beschweren, und zwar deshalb, weil mein Junge bereits die gute Essenz daraus getrunken hat. Also wird man sich an den armen Marty in der Kneipe halten.

»Ich habe gehört, was du sagst, Ma«, sagte ein junger Leprechaun, der aus dem Nichts auftauchte. Er trug einen bunten Schal, der um seinen Hals gebunden war, einen großen goldenen Ohrring in einem Ohr und rauchte eine Zigarette wie ein Mensch. Seine Augen wurden von einer Sonnenbrille verdeckt, die ständig ihre Form und Farbe veränderte und wie ein Weihnachtsbaum funkelte. Sein bunter Mohikaner-Haarschnitt dürfte in einer bestimmten männlichen Altersgruppe der letzte Schrei gewesen sein.

»Zu meiner Verteidigung«, fuhr Liam fort, »muss ich Ihnen sagen, dass ich alle Kneipen in der Umgebung besuche und mich nicht nur auf die direkte Nachbarschaft beschränke. Das ist sehr rücksichtsvoll, da ich allen den gleichen Ruf verschaffe.«

»Das mag sein, Liam«, warf Áine ein, »aber du tust dir keinen Gefallen, wenn du so weitermachst, und es ist längst an der Zeit, dass du dich für ein Handwerk entscheidest, so wie Finn es getan hat.«

»Es bringt nichts, mich mit Finn zu vergleichen, denn er hat seine Gabe früh bekommen. Und du kannst mir nicht erzählen, den alten Weg einzuschlagen, wenn du und Pa eure eigenen Wege gegangen seid«, erwiderte Liam und wurde rot.

»Da hast du Recht, mein Sohn«, gab Áine zu. »Ich mache mir nur Sorgen, dass du nie Wurzeln schlagen wirst. Wie dem auch sei, mehr will ich nicht sagen. Warum erzählst du nicht deine Geschichte? Natürlich habe ich keine Ahnung von den neumodischen Dingen, die du treibst. Ich verspreche, nicht zu lauschen, denn ich muss sowieso wieder an meine Arbeit.«

Liam, der älteste Sohn, erzählt

Ich möchte zunächst erklären, wie es ist, mit jemandem wie meinem Pa aufzuwachsen. Vor einiger Zeit wurde er zum Großmeister, zum Anführer aller Leprechauns, gewählt, was die Sache nur noch schlimmer machte. Da liegt der Hase im Pfeffer! In die Fußstapfen meines Vaters zu treten, ist nicht möglich. Erstens, weil ich nicht so bin wie er, also bin ich nicht daran interessiert zu tun, was er tut. Zweitens, weil er so berühmt ist, nicht nur bei den Leprechauns, sondern auch bei den Elementarwesen im allgemeinen, und die Elementarwesen würden mich nicht als Lehrling annehmen. Aber wenn ich ehrlich bin, interessiert mich sowieso keiner dieser traditionellen Leprechaunjobs. Was soll ich also tun? Ich habe keine Ahnung, und das ist nicht normal für Elementarwesen. Normalerweise sollte man meinen, dass ich in meinem Alter schon irgendeine Art von Zeichen bekommen hätte, aber das habe ich nicht, also warte ich, bis mir ein Licht aufgeht. Was ich weiß, ist, dass ich weder ein Sänger noch ein Barde bin wie mein jüngerer Bruder. Aber ich bin gut darin, an Gold zu kommen und Geldbeutel zu stibitzen.

Meine Koboldkameraden haben mir viele Tricks beigebracht, und von meinen Trollfreunden habe ich gelernt, meinen Körper zu trainieren, also bin ich ziemlich stark. Manchmal hebe ich Schafe hoch, nur um mir zu beweisen, dass ich es kann. Ich hebe sie hoch und setze sie ab. Ich hebe sie hoch und setze sie wieder ab, aber sagen Sie das nicht meinen Eltern. Ich kann es euch Menschen erzählen, denn das zählt nicht. Ich mag Tiere sehr und rette gerne junge Schafe, die von ihren Müttern getrennt wurden. Leprechauns hatten schon immer mit Tieren zu tun, aber ich habe nicht vor, Bauer zu werden. Die Landwirtschaft ist jetzt zwar etwas aus der Mode gekommen, aber ich hätte nichts dagegen, auch ein paar Schafe und eine Kuh zu haben. Schafe für die Wolle und eine Kuh für die Milch. Aber ich weiß nicht, ob ich mich tagein, tagaus um sie kümmern möchte.

Ich gehe oft in ein Nachbardorf, wo man mich nicht kennt, und lasse mich anheuern. Es ist sogar schon vorgekommen, dass ich für menschliche Bauern gearbeitet habe, ohne dass diese wussten, dass ich für sie arbeite. Und dann – erschrecken Sie nicht– nehme ich ein bisschen Geld; das ist nur fair. Heutzutage ist es schwer, an Gold zu kommen, aber Essen kann ich immer besorgen. Ich mag es, mit Menschen zusammen zu sein und auf Farmen zu arbeiten. Das ist nichts für die Ewigkeit, aber ich lerne ein bisschen, und ich denke, alles Lernen ist gut. Ich bin jung und werde herausfinden, was ich tun soll, und im Moment warte ich auf die richtige Gelegenheit. Ich bin sozusagen in der Ausbildung, aber nicht für irgendjemanden oder irgendetwas.

Meine Mutter ist großartig. Ich bin sehr stolz auf sie. Sie ist sehr interessant und nicht so langweilig wie die anderen Leprechaun-Mas im Dorf. Sie ist gegenüber Pa und mir sehr verständnisvoll, und ich möchte sie nicht enttäuschen. Pa und ich kommen nicht gut miteinander aus. Es ist, als würden wir uns in die Haare geraten, wenn wir im selben Raum sind, weil er gerne mein Chef wäre und mir sagen würde, was ich tun soll. Er ist es gewohnt, der Chef zu sein, der Großmeister, der große Mann, zu dem andere kommen und um Rat fragen, aber er ist nicht mein Chef.

In letzter Zeit hat er es begriffen und sich zurückgehalten und mich meiner eigenen Wege gehen lassen. Da fühle ich mich wohler, und gelegentlich bleibe ich nachts, wenn er da ist, zu Hause, sitze still da und lasse Ma und Pa miteinander reden. Er weiß, dass ich zuhöre, aber ich will mich nicht verraten, also sitze ich da und bleibe still. Sein Leben und das, was er tut, ist sehr interessant, aber es ist nichts für mich. Wenn er nicht nervt und wissen will, was ich tun will, kommen wir besser miteinander aus. Ich glaube, er weiß, dass meine Zeit noch nicht gekommen ist und dass ich – wie er – meinen eigenen Weg finden muss, und das dauert etwas länger, als er gehofft hat. Aber ich mache mir keine Sorgen. Was passiert, passiert. So ist das nun mal. Das ist es, was man lernen muss. Man steht auf, Tag für Tag, und was passiert, passiert.

Wenn ich genug vom Land habe, fahre ich in die Stadt. Auch in den Städten leben Leprechauns, und dort findet man die neueste Mode. Im Moment trägt man dort formelle Fracks bis über den Hintern, und ich möchte bei meinem nächsten Ausflug ein paar davon mitnehmen. Oft finden wir ein altes Haus, in dem wir uns einquartieren, und es ist ein toller Spaß, etwas Nachtleben zu haben, auch wenn es ein bisschen überfüllt ist. Es ist angenehm, die Stadt zu besuchen, aber nicht schön, dort zu leben. Ich kann in die Stadt reisen, indem ich nur daran denke; das ist einfach genug, aber am lustigsten ist es, mit dem Motorrad hinzufahren, denn wenn der Wind meine Haare zaust, kommen mir brillante Ideen für Dinge, die ich ausprobieren kann. Außerdem ist es gut, mit Leprechauns in der Stadt zu sprechen, um ein Gefühl dafür zu bekommen, was sie tun. Was Kneipen angeht, so gibt es jede Menge davon, die danach schreien, von mir besucht zu werden. Man könnte sagen, ich erweitere meine Möglichkeiten. Wir Leprechauns lieben es, uns in einem Pub zu treffen, und es ist ein guter Ort, um zu hören, was die Menschen so treiben, und einige von uns Elementarwesen lernen dort neue Berufe kennen.

Wie Sie vielleicht wissen, sind Leprechauns in der Welt der Elemente dafür bekannt, dass sie gut mit Gold umgehen können; traditionell sind wir die Bankiers. Heutzutage lernen einige von ihnen das menschliche Bankensystem, damit sie noch besser mit Geld umgehen können. In letzter Zeit – zumindest in Leprechaunzeit – sind viele von der Börse fasziniert und wetten auf menschliche Aktien, um zu sehen, welche steigen und welche sinken. Ein Spiel, das für Leprechauns erfunden zu sein scheint. Wir sind darauf spezialisiert, Sie zu überreden, irgendetwas zu kaufen oder nicht zu kaufen, und so häufen wir eine ganze Menge Gold an, und manche Naturgeister haben jetzt Probleme mit der Spielsucht. Klar, Elementarwesen werden leicht süchtig, aber diese Spielsucht sorgt für ziemliches Aufsehen.

Das führt zu einem neuen Handwerk – der Elementarwesen-Beratung. Wir nennen es das »Wiederaufrichten«; es soll Leuten helfen, die vom Weg abgekommen sind. Einige Frauen, die nicht Hebamme oder Heiratsvermittlerin werden wollen, weil Letzteres aus der Mode kommt, machen eine Ausbildung in diesem neuen Beruf. Meine Mutter hätte sich vielleicht dafür interessiert, wenn sie zu meiner Zeit geboren worden wäre, denn sie ist eine solche willensstarke Frau, die gerne einen Trend setzt. Und ich habe festgestellt, dass einige der jüngeren Frauen, die Mas Lehren zuhören, ihren Weg in das Beratungshandwerk finden.

Um ehrlich zu sein, würden Männer mit Problemen nicht zu einer Frau gehen. Aus diesem Grund haben unsere Männer eine andere Methode entwickelt, um Männer wieder aufzurichten, die wir von menschlichen Männern gelernt haben. Wir bringen den Mann aus der Stadt heraus und zurück in die Natur. Wir holen ihn vom Alkohol weg und bringen ihn dazu, mit seinen Händen zu arbeiten. Er geht von Handwerk zu Handwerk und lernt bei Männern, die ihr Handwerk verstehen, mit dem Ergebnis, dass er wieder zu sich findet. Das bedeutet nicht, dass er bei einem dieser Handwerke bleibt, aber das Gespräch mit den älteren Männern, die ihr Handwerk ausüben, scheint ihn zu stabilisieren. Einige Alte, unsere Ältesten, machen die Runde und sprechen mit dem Mann, während er das neue Handwerk lernt – natürlich auf subtile Weise, denn Leprechauns mögen es nicht, wenn man ihnen sagt, was sie zu tun haben.

Wir haben mit dieser Methode so viel Erfolg, dass andere Elementarwesen, Kobolde und dergleichen, den gleichen Ansatz aufgreifen und unsere Idee an ihre speziellen Bedürfnisse anpassen. Wenn man zum Beispiel ein Elf ist, der Probleme mit Süchten hat, nehmen die Alten ihn an die Hand und lehren ihn Singen und Tanzen, und so wird er geheilt. Alles in allem passen sich die Elementarwesen also gut an die Probleme des modernen Lebens an.

Ein weiteres neues Handwerk, das sich in den Städten entwickelt, hat mit kreativen Fortschritten im Baugewerbe zu tun, das Menschen wohl als »Architektur« bezeichnen würden. Zugegeben, wir übernehmen viele Ideen von den Menschen, aber wir gehen in unterschiedliche Richtungen. Wir bauen lieber mit Naturmaterialien wie Holz und guter Erde als mit Metall und Plastik. Und wir haben eine Vorliebe dafür, unsere Gebäude künstlerisch und im Einklang mit der Natur zu gestalten. Einige unserer jungen Leute lassen die Gebäude wie Bäume aussehen. Diese Gebäude haben zwei, drei oder sogar vier Stockwerke, und die Räume strecken sich wie die Äste eines Baumes, an den Seiten mit kleinen Zweigen versehen, die als Spielplätze für die Kleinen dienen. Die Kleinen lieben es, in der Luft zu sein. Für Leprechauns ist es etwas ganz Neues, nicht auf dem Boden zu sein, aber es macht Spaß.

Und es sind nicht nur Leprechauns, die in das Baugewerbe einsteigen. Elfen sind am besten im kreativen Planen und in Ästhetik, aber sie wollen sich die Hände nicht schmutzig machen. Trolle hingegen bauen ganz tief in die Erde hinein, und so viele Ebenen wie wir Leprechauns über der Erde haben, haben sie unter der Erde. Kobolde bauen ebenfalls gerne. Sie fühlen sich in der Luft sehr wohl und sind besonders daran interessiert, die höheren und gefährlicheren Stockwerke zu bebauen. Sie experimentieren damit, in den höheren Zweigen Gärten anzulegen, damit jedes Haus einen Garten bekommt. Einige haben sogar versucht, dort oben Hühner anzusiedeln. Hühner sind in Ordnung, und sogar ein Lamm ging, aber der Versuch mit Kühen war eine Katastrophe.

Normalerweise baut jede Art für sich selbst, weil wir so unterschiedliche Bedürfnisse haben. Aber in letzter Zeit haben die Leprechauns, Kobolde und Trolle damit experimentiert, Komplexe zu bauen, in denen alle glücklich zusammenleben können. Nicht ganz erfolgreich… noch nicht! Es gab schon einige gewaltige Einstürze, weil die ausgehöhlten Behausungen der Trolle die Leprechaun- und Koboldbauten nicht tragen können. Aber es ist nur eine Frage der Zeit, bis sie es schaffen, denn wenn man eines – na ja, zwei Dinge – über Trolle sagen kann, dann, dass sie hartnäckig und großartige Baumeister sind.

Mein Studium besteht darin, umherzuziehen und die Trends zu analysieren. Ich habe die Gabe zu erkennen, in welche Richtung die Elementarwesen als nächstes gehen und was sie ausprobieren werden. Wie mein Vater bin ich eine Art Anführer in unserer Gemeinschaft unter den jungen Leuten. Nicht nur hier, sondern auch an anderen Orten wird meine Anziehungskraft erkannt. Mit der Zeit habe ich festgestellt, dass die Elementarwesen auf das hören, was ich sage, und dorthin gehen, wo ich hin will. Es ist schön, Anführer zu sein, aber jetzt ziehe ich mich ein bisschen zurück, bis ich weiß, was als nächstes ansteht. Nicht, dass ich es Pa erzählen würde, aber ich habe mich mit einigen der Alten zusammengesetzt, um ihren Rat zu hören. Sie haben nicht viel Ahnung von Trends, aber sie haben weise Ratschläge für Führung. Außerdem haben sie Zeit für mich und drängen mich nicht, und ich glaube, sie haben auch Pa gesagt, er solle es lassen.

Wie ich schon sagte, ist es ganz außergewöhnlich, dass ein Leprechaun seinen Weg nicht vor sich sehen kann, und die Alten sagen auch nicht viel dazu. Ich glaube, es kommt etwas, das noch nicht geboren wurde, aber ich spüre einen Hauch von etwas in der Luft und es fühlt sich aufregend an. Es könnte mit den Menschen zu tun haben, aber nicht im Sinne meines Vaters. Er hält sich für modern, aber ich glaube, im Vergleich zu mir ist er alte Schule. Ich glaube, ich muss erst einmal ein bisschen reisen, in ein paar andere Länder gehen und mir ansehen, was es alles gibt.

Wie auch immer, ich habe mich geäußert. Danke fürs Zuhören. Es wird Zeit, zu meinen Freunden zurückzukehren, aber schauen Sie sich zu guter Letzt meinen neuen Verschwindetrick an, den ich von einer Todesfee gelernt habe. Es ist sehr selten, dass eine Todesfee ihre Gabe teilt, aber ich habe ihn ihr entlockt. Zu Beginn zünde ich mir eine Zigarette an und demonstriere dann die Kunst des Verschwindens in einer Rauchwolke in Zeitlupe und mit den Soundeffekten des Todesfeuers. Aaaauuufffwiederseeehennn!

Als sich der Rauch verzogen hatte, erschien Lloyd und hatte viel zu sagen.

Unterschiede zwischen Elementarwesen und Menschen

Ist das nicht ein furchtbarer Lärm? Und so verbringt Liam seine Zeit, anstatt seinen Weg zu finden. Ich nehme an, er hat Ihnen von den neumodischen Erfindungen erzählt, die ihn faszinieren. Aber ich bin es leid, mir Sorgen um ihn zu machen, deshalb konzentriere ich mich jetzt lieber auf mein eigenes Hauptinteresse, nämlich die Unterschiede zwischen Elementarwesen und Menschen. Zu diesem Thema habe ich eine Menge zu sagen, denn ich habe die Menschen über hundert Jahre lang studiert und bin ein ziemlicher Experte geworden.

Zum Beispiel das Thema Tod. Die Menschen haben große Angst vor dem Sterben, weil sie glauben, dass sie dann nicht mehr existieren. Das liegt daran, dass man in dem Gefühl feststeckt, vergänglich zu sein und glaubt, mit Verlaub, ganz allein zu sein.

Wir Elementarwesen hingegen wissen, dass das Unsinn ist. Warum? Weil wir durch unsere Gedanken mit anderen sprechen können, nicht nur mit anderen Elementarwesen, sondern auch mit Tieren, Vögeln, Kristallen und allen anderen Wesen. Deshalb und weil wir ihre Essenz kennen, wissen wir, dass sie lebendig und Teil der Schöpfung sind, genau wie wir selbst. Wir sind alle Teil des großen Werks des Schöpfers. Wir glauben an einen Schöpfer, so wie Menschen es auch von sich behaupten; aber für die meisten von Ihnen ist das nur Theorie, für uns Naturgeister ist es Realität.

Ein weiterer Unterschied zwischen Ihnen und uns ist, dass die Elementarwesen die anderen Evolutionen auf diesem Planeten kennen. Klar ist, dass wir über die Menschen Bescheid wissen, aber wie viele von Ihnen wissen über uns Bescheid? Das ist ein Punkt. Außerdem sehen die Elementarwesen im Gegensatz zu Ihnen andere Ebenen. Wir leben nah am Engelreich, und so bewegen sie sich von einer zur anderen Ebenen, ob ihr sie nun seht oder nicht. Vor langer Zeit, in Atlantis, sprachen die Menschen mit den Engeln und anderen großen Wesen, die ihre Evolution förderten. Damals konnten die Menschen andere Ebenen viel besser sehen und hören als jetzt. Ihre damalige Seinsweise ähnelte mehr der der Elementarwesen.

Ich möchte nicht, dass Sie denken, dass Sie sich zurückentwickelt haben, denn das ist nicht wahr. Sie machen Fortschritte und haben Ihren Willen und eine starke individuelle Identität, Ihre Unabhängigkeit entwickelt, während Sie in Atlantis eher in einem abhängigen Zustand waren. Deshalb sind Sie auf dem Weg zu einem bewussten Schöpfer weiter fortgeschritten. Aber Sie irren sich, wenn Sie glauben, dass Sie allein und getrennt von anderen und allem Leben wären.

Stellen Sie sich eine Blüte an einem Obstbaum vor. Obstbäume haben viele Blüten, aber nicht alle von ihnen werden zu Früchten. Zu Beginn müssen alle Blüten bestäubt werden, und das tun die Bienen, die Ameisen oder der Wind. Die Blüte ist dabei von etwas abhängig. Nachdem die Blüte bestäubt wurde, benötigt sie die Energie der Sonne und des Regens, um Wasser für die Reifung der Frucht zu bekommen. Auch hier ist die Blüte also von anderen abhängig. So ist es auch bei den Menschen. Sie mögen eine gute Idee haben, aber Sie brauchen andere, die Sie unterstützen, um Ihre Idee in der dreidimensionalen Realität Ihrer Welt zu manifestieren. Nichts wird in Isolation erschaffen. Das Universum ist wechselseitig abhängig, und das werden Sie im Wassermannzeitalter lernen.

Auch die Elementarwesen entwickeln sich weiter. Wie die Menschen beschränken wir uns nicht mehr auf unsere Art, wo Leprechauns mit Leprechauns, Kobolde mit Kobolden und Elfen mit Elfen verkehren, sondern sprechen miteinander, sind sogar Freunde und arbeiten zusammen, um eine umfassendere Gemeinschaft zu bilden. Und wir entwickeln unseren freien Willen, wozu uns die Menschen gedrängt haben, um uns und unsere Welt schützen zu können.

Wir helfen auch Ihnen. Und wie? Vor Tausenden von Jahren begannen Elementarwesen, die den stärksten Willen entwickelt hatten, in der menschlichen Evolution zu inkarnieren. Sie sind nun Hybride – teils Naturgeist, teils Mensch. Da die Elementarwesen den Menschen in den Künsten des Tanzes, der Malerei, der Poesie, der Schauspielerei, des Gesangs und der Herstellung von Kunsthandwerk voraus sind, haben diese Elementar-Hybriden euch geholfen, diese Künste zu entwickeln und in der menschlichen Welt mehr Schönheit zu schaffen. Der Schöpfer hoffte, dass die Menschen, wenn es mehr Schönheit in ihrer Welt gäbe, diesen Weg einschlagen wollten und nicht den Weg der Zerstörung.

Auch jene Elementarwesen, mit denen ich zusammenarbeite, die in der Welt der Elementarwesen bleiben, aber gleichwohl mit den Menschen zusammenarbeiten, haben Einfluss. Es gibt immer mehr Naturgeister, die mit den Menschen zusammenarbeiten wollen. Die Elementarwesen sind sich bewusst geworden, wie sich ihre Welt verändert durch die neuen Ideen, die Elementarwesen wie ich einbringen. Aber wir lernen von Ihnen genauso viel, wie Sie von uns. Man kann mit Fug und Recht behaupten, dass Menschen wie Sie den Elementarwesen in Sachen Psychologie, Philosophie, Geschichtsstudium – ja, in allem, was den Verstand betrifft – weit voraus sind. Wir lernen von den Menschen, unsere Mentalkörper zu entwickeln. Auf diese Weise werden wir objektiver und lassen uns nicht so sehr von unseren Gefühlen leiten.

Das Astralreich, in dem die Elementarwesen leben, ist ein emotionales Reich. Aber jetzt, da wir beginnen, unsere Mentalkörper zu entwickeln, haben wir mehr Zugang zum Kausalbereich der Gedanken. Natürlich wussten wir schon immer, dass wir, wenn wir einen Gedanken an das haben, was wir manifestieren wollen, es nur zu denken brauchen und es dann haben. Für Naturgeister sind Gedanken spontan – eine Art Automatismus. Genauso ist es, wenn wir in Raum und Zeit reisen. Wir haben einen spontanen Gedanken und los geht's. Wir zweifeln nicht daran, dass es funktioniert, während Menschen viele Zweifel haben. Sie bezweifeln, dass es überhaupt möglich ist. Die Menschen müssen alles mit Wissenschaft und Mathematik durchdenken, um zu beweisen, dass es funktioniert. Oh, ich sollte Wissenschaft und Mathematik auf die Liste der Dinge setzen, die Sie uns beibringen. Vergessen Sie das nicht, ja?

Wie auch immer, um in der geistigen Welt der Gedanken zu leben, muss man in der Lage sein, eine Idee festzuhalten. Dafür braucht man Ausrichtung, Konzentration und Willen, – nicht gerade die größten Gaben der Elementarwesen, aber die wichtigsten Gaben der Menschen. Die Elementarwesen lernen diese Qualitäten jetzt. Wir waren früher Mitschöpfer und Freunde, und wir werden auch im Wassermannzeitalter in wechselseitiger Abhängigkeit zusammenarbeiten. Es ist wahrlich unsere Bestimmung, Partner bei der Schaffung von Schönheit auf der Erde zu sein.

Wie auch immer, ich nehme an, Sie wollen wissen, wie Sie uns am besten treffen und mit uns zusammenarbeiten können. Zunächst einmal gibt es bestimmte Zeiten wie Beltane und Allerheiligen, wenn der Schleier zwischen Ihrer menschlichen und unserer Elementarwesen-Welt dünner wird und Sie, wenn Sie sensibel sind, einen Blick in unsere Welt werfen können. Früher konnte man, wenn man sich an einem Kraftort, einem heiligen Ort, wie Newgrange oder Uisneach befand, in unsere Welt und die Welt der Ahnen hinübergehen. Heutzutage ist das für Sie nicht mehr so leicht, weil Ihre menschliche Ebene auf einer niedrigeren Frequenz liegt als früher. Das hat mit der Art und Weise zu tun, wie Sie die Erde und andere Wesen behandelt haben: nicht gut, ganz und gar nicht gut.

Wie dem auch sei, einige können trotzdem übertreten, und ich werde Ihnen zeigen, wie das geht. Es geschieht, wenn Sie träumen und indem Sie Ihre Intuition und Ihr zweites Gesicht entwickeln. Und wie macht man das? Indem man meditiert, kein Fleisch isst – vor allem kein Schweine- und Rindfleisch – und indem man daran arbeitet, seine Negativität zu löschen und seine Gefühle rein und positiv zu halten. Ein bisschen Lachen und Humor hilft auch, das ist Fakt. Die meisten Menschen müssen sich auflockern und nicht so ernst sein. Genießen Sie den Moment.

Und habe ich bereits erwähnt, dass ein Elementarwesenfreund Ihre Fähigkeit verbessern kann, in unser Elementarreich zu kommen und uns zu treffen? Meine Elementarwesenfreunde wollen auf so vielen Gebieten mit Ihnen zusammenarbeiten, also entscheiden Sie sich. Da gibt es zum Beispiel Musik, Tanz, Film, kreatives Schreiben, Gartenarbeit, Wald- und Umweltmanagement. All diese Bereiche und mehr helfen den Menschen, sich unserer Ebene und den Werten unseres Volkes anzunähern. Wenn Sie Ihr Bestes tun, um Schönheit und Gesundheit für die Erde zu schaffen, nehmen wir Sie wahr. Selbst wenn Sie nicht an uns glauben, wie Wissenschaftler und andere »Ich glaube nur, was ich sehe«-Typen, die sich auf Beweise stützen und nur ihre physischen Sinne benutzen, helfen wir Ihnen trotzdem. Wir tun dies, indem wir Ihnen Inspirationen schicken, die Sie in die richtige Richtung weisen. Sie mögen es »Bauchgefühl« oder »Ahnung« nennen, aber es kommt immer noch von uns.

Elementarwesen existieren in den kleinsten Teilen der Materie – subatomare Partikel, würde man sagen, – und wir existieren in den größten Ozeanen. Deshalb können wir in so ziemlich jedem Bereich helfen, der Sie interessiert. Doch die Erdelementarwesen wie Leprechauns, Trolle, Gnome, Kobolde und Elfen sind den Menschen am ähnlichsten, so dass es für Sie leichter ist, mit ihnen in Beziehung zu treten und mit ihnen zu arbeiten. Manchmal können Sie Elementarwesen sehen, vor allem wenn wir es wollen, und meistens sehen Sie Erdelementarwesen wie mich.

Es ist schwieriger, Luftelementarwesen, die wir »Sylphen« nennen, oder Wasserelementarwesen, die wir »Undinen« nennen, oder Feuerelementarwesen, die wir »Salamander« nennen, zu sehen. Sie fragen sich, warum das so ist? Weil diese Arten von Elementarwesen eine höhere Frequenz haben als die Erdelementarwesen. Wichtig ist, dass es allen Naturgeistern viel besser geht, wenn Sie uns wertschätzen und anerkennen. Dann können wir eng mit Ihnen zusammenarbeiten. Wir wünschen uns Respekt. Wir sind intelligente Wesen, die mit dem Großen Geist zusammengearbeitet haben, um eure Welt aufzubauen, und Sie müssen sich daran erinnern, dass Sie ohne uns weder eine Welt noch ein Leben haben.

Das bringt mich zu meinem nächsten Punkt. Jeder von Ihnen hat ein Körperelementar, das Ihren Körper ausmacht. Wenn Sie lernen, mit Ihrem Körperelementar zu arbeiten, können Sie sich von allen möglichen Dingen heilen, die Sie durch Ängste und negative Gedanken erschaffen haben. Ich habe nicht die Zeit, dieses Thema hier zu behandeln, und Tanis hat in ihrem Buch *Good Morning Henry – Eine Entdeckungsreise zur Körperintelligenz* gute Arbeit geleistet, also belasse ich es bei diesem Hinweis.

Ich habe gerade gemerkt, dass ich abgeschweift bin. Ich wollte über die menschliche Angst vor dem Tod sprechen und darüber, wie sie entstanden ist, und jetzt schauen Sie, wo wir gelandet sind. Das ist der Beweis dafür, dass Menschen konzentrierter sind als ein Leprechaun wie ich. Sicherlich würden Sie ein Thema auf der gleichen Linie beginnen und beenden, aber würde es auch so viel Spaß machen? Ich weiß nie, worauf ich hinauswill, wenn ich ein Thema beginne. Ich lasse mich führen, während Sie lieber das Thema führen. Wissen Sie, ich weiß, dass der Geist mich mit seinen Gedanken dorthin führt, wo er hinwill, also wehre ich mich nicht. Sie hingegen wehren sich oft dagegen, dorthin zu gehen, wohin der Geist will, und verursachen damit Ihren eigenen Schmerz.

Ich denke, der beste Weg ist, unsere beiden Talente zu kombinieren, also sich vom Geist führen zu lassen, aber immer mit den Füßen auf dem Boden zu bleiben. Ich muss sagen, dass ich das ganz gut kann. Wahrscheinlich können das die meisten Leprechauns – sogar besser als Elfen. Elfen sind wagemutiger als wir und eher bereit, neue Dinge auszuprobieren, auch wenn ihr Talent so etwas wie ein Höhenflug mit anschließendem Sturzflug ist. Leprechauns schauen genau hin, was funktioniert und was nicht, bevor wir loslegen. Wir sind Experten darin, die Elfen aufzufangen, wenn sie fallen, und sie nehmen uns mit, wenn sie in die Höhen steigen.

Wie ich schon sagte, bevor ich abschweifte: Menschen fürchten im Gegensatz zu den Elementarwesen den Tod. Und warum? Zunächst einmal gibt es bei uns keine Krankheiten, und wir fanden es schon immer verwunderlich, dass man sich selbst Krankheiten schafft, wenn sie gar nicht notwendig sind. Die Angst vor dem Tod macht krank. Wenn man den Tod fürchtet, sucht man immer nach Anzeichen dafür, dass man stirbt. Man konzentriert sich darauf, was mit dem eigenen Körper nicht stimmt, und wenn man älter wird, findet man viele Dinge, die nicht stimmen. Krebs, Herzprobleme, Blindheit, Hörverlust, ganz zu schweigen von Dingen, die unterhalb der Gürtellinie schiefgehen! Wir Elementarwesen denken nie an solche Dinge. Wir lieben jede Lebensphase – Kindheit, Heranwachsen, Alter – und erfreuen uns an den Gaben, die jede Phase mit sich bringt. Unsere Alten sind nicht altersschwach, sondern Quellen der Weisheit, die sie in Jahrhunderten eines erfüllten Lebens gesammelt haben.

Sicher, manchmal verletzen wir uns, wenn wir uns wie Idioten benehmen; Elfen verletzen sich am häufigsten, weil sie mit neuen Dingen experimentieren. Sie lieben Abenteuer und langweilen sich schneller als Leprechauns, und in früheren Zeiten haben sie oft Streit und Fehden mit anderen Arten angezettelt. Das konnte dazu führen, dass Pfeile flogen und es Tote gab, aber das gehört zum Spiel des Lebens. Der Kriegstod ist für Elfen heute kein Problem mehr, da sie sich mit vielen neuen Dingen beschäftigen. Sie lieben es zum Beispiel, zu reisen und die Speisen, die Musik und die Unterhaltungsangebote anderer Ebenen in der Welt der Elementarwesen kennenzulernen. Sie sind Kenner dieser Dinge. Wenn sie sich langweilen, können sie woanders hingehen. Mit zunehmendem Alter lässt dann der Reiz des Neuen nach, und es bleibt das Gefühl, alles getan und alles gefühlt zu haben; man ist »weltmüde«, könnte man sagen. Dann kommt der Zeitpunkt, an dem sie sich entscheiden können, entweder etwas Neues zu lernen, vielleicht eine neue Kunstform, oder sie gehen dahin.

Dahingehen durch Verblassen ist das Sterben der Elementarwesen. Wenn wir nicht mehr leben wollen, erlauben wir uns, zu verschwinden. Es ist eine Art Zulassen. Ein Mensch könnte es als Kapitulation betrachten, aber bei uns gibt es keine Angst vor Verlust. Oh, es kann eine gewisse Nostalgie entstehen, wenn wir unser Leben Revue passieren lassen. Das kann Jahre, ja sogar Jahrzehnte dauern, und wir können in diesem Stadium verweilen, um die Leckerbissen darin aufzusaugen, während ein tieferes Zulassen und langsames Dahingehen stattfinden. Elementarwesen sind auf den natürlichen Rhythmus sowohl der Erde als auch des Geistes eingestimmt und wissen, wann die Zeit des Verschwindens kommt. Wir gehen in den Äther, während sich unsere Form auflöst. Auch Menschen gehen dahin. Elementarwesen können es sehen. Aber oft tun sie es nicht in Anmut und Schönheit, sondern kämpfen bei jedem Schritt, was die Angst vor dem Tod nur verstärkt.

Es ist an der Zeit, über Moral zu sprechen – ein Thema, mit dem sich die Menschen anscheinend sehr intensiv beschäftigen. Elementarwesen sind amoralisch, was, wie ich betonen möchte, etwas ganz anderes ist, als unmoralisch zu sein. Es stimmt, dass wir Wesen der Freude sind, aber wir sind weder gefühllos noch neigen wir von Natur aus zur Grausamkeit. Abgesehen davon ist das, was wir als akzeptables Verhalten betrachten, von Art zu Art unterschiedlich. Die königlichen Elfen zum Beispiel machen sich Gedanken um ihr Auftreten, darum, wie sie von anderen wahrgenommen werden. Sind sie schön? Vornehm? Sind sie die besten in der Kunst, die sie gewählt haben? Können sie den begehrtesten Liebhaber verführen? Betet man sie an? In diesem Bereich stehen sie im Wettbewerb, aber das meiste Gold besitzen zu wollen oder der Klügste in Philosophie zu sein, kommt ihnen nicht in den Sinn.

Das sind eher die Wünsche der Leprechauns, zumindest der Wunsch nach Gold. Außerdem sind Leprechauns stolz darauf, ihr Handwerk zu beherrschen, – sehr stolz sogar – und schätzen es auch, schlau und redegewandt zu sein. Tatsächlich ist es eines unserer beliebtesten Spiele, einen Menschen mit Worten zu überlisten. Kobolde hingegen sind das, was man als praktische Witzbolde bezeichnen würde. Sie sind stolz darauf, jemanden auszutricksen und sich über die Person lustig zu machen, und sie sind Experten darin, jemandem den Spiegel vorzuhalten und die Person darauf hinzuweisen, was nicht in Ordnung ist. Sie schrecken auch vor leichten Verletzungen nicht zurück, beispielsweise indem sie Ihnen auf dem Gehweg ein Bein stellen, damit Sie in eine Pfütze fallen. Andererseits gibt es auch Trolle, die stolz auf ihre körperliche Stärke sind. Und was den Stolz der Feldfeen angeht, sagt man ihnen am besten, dass sie die Größten in Tanz, Musik und Spiel sind, – immer ausgerichtet auf ihre Gruppe und Gemeinschaft.

Nachdem wir nun festgestellt haben, worauf die verschiedenen Arten von Elementarwesen stolz sind und was sie sein wollen, können Sie sich vorstellen, wie sie beschämt werden können. Unsere Moral kommt ins Spiel, wenn einer unserer Leute nicht das tut, was von ihm erwartet wird. Meiner Meinung nach ist das bei den Menschen genauso, nicht wahr? Sie haben Ihre Standards für akzeptables Verhalten und wir haben unsere. Kein Richtig oder Falsch. Amoralisch gegen moralisch. Puh!

Ich werde Ihnen einen weiteren wichtigen Unterschied zwischen Elementarwesen und Menschen nennen. Da Naturgeister telepathisch sind, ist es für einen von uns sehr schwierig, ein Geheimnis zu bewahren. Sicher, vielleicht für eine kurze Zeit, aber es wird herausrutschen. Die Menschen hingegen können ihr ganzes kurzes Leben lang mit schamlosem Verhalten davonkommen, ohne dass es jemand bemerkt. Was halten Sie für die fairere Lösung? Ich würde sagen, dass es am besten ist, wenn die Elementarwesen wissen, wenn einer von uns sich schämt.

Ein königlicher Elf schämt sich, wenn er etwas nimmt, was ein anderer nicht bereitwillig gibt. Er nutzt seinen Charme, und wenn der Charme nicht funktioniert, ist der Elfenkodex, sich mit Anmut zu entfernen. Elfen wenden diesen Kodex sogar an, wenn sie Menschen verführen wollen, was auch schon vorgekommen ist, denn der Mensch muss freiwillig in unser Reich kommen. Ein Verbrechen für Elfen wäre Vergewaltigung und Entführung. Ein Leprechaun hingegen ist beschämt, wenn er schlechte Geschäfte macht und sein Gold verspielt. Das ist in der Tat sehr schlimm. Es ist sogar noch schlimmer, als wenn er sein Handwerk nicht beherrscht. Und dann sind da noch die Kobolde. Können Sie sich vorstellen, wofür sich ein Kobold schämt? Wenn er mit seinen Streichen zu weit geht und einen anderen schwer verletzt. Wenn man über seine Taten lachen kann, ist das in Ordnung, aber manchmal kann ein Kobold echte Verletzungen verursachen, und dann kommt die Gemeinschaft und setzt ihn auf Bewährung und beobachtet ihn genau. Der Grund für dieses

Gesetz ist, dass, wenn ein Kobold zu weit geht, die ganze Gemeinschaft der Leprechauns, Elfen und der anderen eine Wiedergutmachung verlangt. Die Kobolde – wer kann es ihnen verdenken – ziehen es vor, einen Einzelnen auszutricksen, anstatt es mit einer Gemeinschaft wütender Trolle aufzunehmen.

Apropos Trolle: Diese schämen sich, wenn sie ein Schwächling sind. Um das zu verhindern, betreiben sie ernsthaft Gewichtheben und Muskelaufbau mit Steinen und Bäumen, aber manchmal sind Muskeln nicht ihre Gabe. Wenn das der Fall ist, sind sie vielleicht gut darin, Granit- und Kristalladern zu finden, das, was andere begehren. Das ist eine Gabe bei den Trollen, die einen Schwächling vor Schande bewahren kann. Ein Verbrechen für Trolle wäre es, absichtlich einen der ihren zu töten, aber das ist ein Verbrechen für alle Elementarwesen. Genauso wie bei euch Menschen – ein universelles Gesetz also.

Ich versuche herauszufinden, ob ich die meisten Unterschiede zwischen Menschen und Naturgeistern aufgezählt habe. Ähm… ich habe noch einen gefunden. Menschen brauchen acht Stunden Schönheitsschlaf pro Nacht, um durchzuhalten. Das ist ein Drittel Ihres gesamten kurzen Lebens. Was für eine Verschwendung. Das ist weit davon entfernt, wie Elementarwesen mit Schlaf umgehen. Wenn wir schwere Arbeit verrichten, brauchen wir eine Pause, aber normalerweise ruhen wir nicht so lange wie Sie.

Wenn Sie schlafen, gehen Sie in die Astralwelt – übrigens derselbe Ort, an den Sie auch nach dem Tod gehen. Die menschliche Astralwelt ist nur einen Hauch von unserer Elementarwesen-Astralwelt entfernt, und einige von Ihnen gehen in unser Reich hinüber und genießen unsere Welt, zumindest für die Zeit des Schlafens. Die meisten von Ihnen vergessen jedoch ihre Träume und erinnern sich nicht an unsere gemeinsame Zeit. Die meisten Elementarwesen lassen Menschen in Ruhe, wenn sie in ihrem Traumzustand in unser Reich kommen. Und warum? Weil sie ein Ärgernis sind, weil sie uns bei unserer Arbeit stören und ständig über alles mögliche Fragen stellen. Die Menschen sind wahnsinnig neugierig. Aber nicht alle Elementarwesen lassen Menschen in Ruhe. Die

Elfen können einen gutaussehenden Menschen entdecken, und dann ist er oder sie Freiwild.

Wenn Naturgeister schlafen, begeben wir uns auf höhere Astralebenen, auf denen es andere Evolutionen gibt, oder sogar in Kausalbereiche, aus denen Gedanken kommen. Die meisten von uns sind sich der Wesen auf diesen höheren Ebenen ebenso wenig bewusst wie die Menschen, wenn sie in die Astralwelten kommen, in denen wir oder andere Evolutionen leben. Die Evolution geht auf allen Ebenen weiter und man stirbt nicht, wenn der physische Körper stirbt. Das ist etwas, was Menschen und Elementarwesen gemeinsam haben.

Wir sind langlebiger als Menschen. Eine Elfe kann bis zu tausend Jahre alt werden, wobei die Hälfte oder drei Viertel dieser Zeitspanne die Regel ist. Leprechauns sind auch sehr langlebig. Feldfeen nicht so sehr, aber Trolle können es mit uns aufnehmen und uns sogar überleben. Menschen könnten in ihrer physischen Welt länger leben, wenn sie sich an die geistigen und natürlichen Gesetze hielten. Und es ist ganz natürlich, dass Sie in Ihren Astral- und Kausalkörpern länger leben, genauso wie die Elementarwesen, wenn Sie sich in der nicht-physischen Welt aufhalten. Also mal sehen, wir haben jetzt unsere Unterschiede in Bezug auf Moral, Tod, Lebensspanne, Wünsche und Scham herausgearbeitet und wie Elementarwesen entwickeln, was Menschen gut können und wie Menschen entwickeln, was Elementarwesen gut können. Ich denke, das war's.«

Die Totenwache

Ich habe bereits über den Tod und das Sterben gesprochen, und Sie haben vielleicht gedacht, das wäre alles gewesen, aber ich möchte noch eine kleine Geschichte dazu erzählen. Wie Sie inzwischen wissen, sind die Elementarwesen von den menschlichen Ritualen so angetan, dass wir uns oft in ihrer Nähe aufhalten. Wir feiern zum Beispiel gerne ihre Hochzeiten mit, denn da gibt es immer viel zu lachen.

Dies ist meine Einleitung, um die Geschichte der größten Totenwache zu erzählen, bei der wir seit langem dabeiwaren. Es wurde bekannt, dass einer der menschlichen Farmer in unserer Gemeinde – Paddy, mit Namen – sterben würde. Er hatte zwar keine der tödlichen Krankheiten wie Krebs, aber wir konnten dem alten Paddy ansehen, dass seine Zeit sehr bald kommen würde. Woher wir das wussten? Wir sehen den Energiekörper eines Menschen – den Ätherkörper – und wissen daher, ob es eine Blockade gibt, ob die Farbe nicht stimmt oder ob die Energie absinkt. Wir können sogar gute Dinge sehen, zum Beispiel, wenn jemand ein Kind bekommt. Und Paddy, der arme Paddy, hatte einen Schatten um sein Herz, woraus wir schlossen, dass seine Pumpe bald den Geist aufgeben würde. Er wurde schwächer und verlor seine Lebenskraft.

Da erzählte mir Declan, mein Koboldfreund, dass die Kobolde begonnen hatten, Wetten darüber abzuschließen, wo und wann Paddy sterben würde. »Willst du dich an der Aktion beteiligen?« fragte Declan. »Es gibt viel Gold zu gewinnen, und ich weiß, dass Leprechauns das immer gerne tun.«

»Sind die Wetten für Leprechauns geöffnet worden?« fragte ich, immer misstrauisch, wenn etwas zu einfach klang.

»Nicht ganz«, antwortete er, »aber ich dachte, du würdest es gerne zuerst von mir hören.«

»Und wäre da auch eine Kleinigkeit für dich mit drin?« fragte ich, denn ich hatte ein Gespür dafür, wie die Dinge liefen.

»Nur, wenn du es für fair hältst«, antwortete Declan und grinste schelmisch. »Ich habe vor, ein wenig Geld zu investieren, um mir ein eigenes Cottage zu leisten. Ich habe es satt, bei meiner Familie zu hocken, wenn ich nicht gerade auf Reisen bin und Kobolde für die Arbeit mit Menschen rekrutiere. Ich habe ein hübsches Mädchen gesehen und denke, es ist an der Zeit.«

»Das ist eine Überraschung. Wie bist du auf diese Idee gekommen?«

»Indem ich meinen Leprechaunältesten beobachtet habe«, zwinkerte er mir zu, »und sah, wie glücklich er mit seiner Gefährtin ist.«

»Ich würde gerne mehr über das Mädchen erfahren, oder muss ich jetzt *dir* nachspionieren?« grinste ich und klopfte ihm freundlich auf die Schulter.

»Ich werde dich gerne um Rat fragen, du bist der Experte, aber nicht jetzt. Jetzt sollten wir uns auf das Wetten konzentrieren. Ich denke, dass wir eine bessere Verhandlungsposition haben, wenn du dein Gold auf meines obendrauf legst.«

Sicherlich hatte er nicht ganz Unrecht. Dieser Declan hatte einen echten Leprechaun-Geist. »Ich bin dabei«, sagte ich und hoffte, dass er den Todeszeitpunkt des Bauern genauso gut einschätzen konnte.

»Meine Strategie ist es, in der Mitte der Möglichkeiten zu bleiben. Was meinst du dazu?«

»Ich bin für die Mitte, wenn du weißt, wo die Mitte liegt.«

»Einige meiner Koboldkameraden behaupten, er sei bereits tot, weil sie nur so Anspruch auf das Gold haben, das sie verwettet haben. Andere sagen, er wird noch zehn Menschenjahre leben. Ich möchte wetten, dass er innerhalb von zehn Tagen auf einer Bahre liegt, und ich bin dafür, bis dahin jeden Tag ein bisschen Geld zu setzen. Was denkst du? – Das ist nicht weit hergeholt, oder?«

Ich sagte: »Ich schaue mir am besten noch einmal seinen Energiekörper an, um zu sehen, ob er so bald umfällt.«

»Ach, das ist sicher nicht nötig«, antwortete Declan im Versuch, mich davon abzuhalten, nachzusehen. Das machte mich misstrauisch, und so begab ich mich zu Paddys Feld, um herauszufinden, ob dort etwas Ungewöhnliches vorging. Als ich ankam, erblickte ich eine Gruppe von Kobolden, die sich auf den armen Mann stürzten, während andere versuchten, sie von ihm wegzuzerren. Daran ließ sich leicht feststellen, welche von ihnen auf den früheren und welche auf den späteren Zeitpunkt für Paddys Tod gewettet hatten.

Als Declan sie sah, stürzte er sich ins Getümmel und rief: »Bleibt zurück. Ihr macht die Wetten kaputt und am Ende bekommt niemand etwas.«

Grummelnd wichen sie zurück und starrten Declan an. »Die Wetten zu vereiteln ist der halbe Spaß«, beschwerte sich ein älterer Kobold unter dem Beifall seiner Kameraden.

»Declan hat nicht ganz Unrecht«, sagte ein junger Kerl. »Es ist nicht wirklich fair, einem Mann auch nur einen Augenblick seines kurzen Lebens zu nehmen, nicht wahr?«

Der junge Kobold wurde lauter bejubelt und alle setzten sich zum Zuschauen hin, aber zum Glück erst, als Declan und ich unsere Wetten abgegeben hatten. Danach gab es auf beiden Seiten Aufpasser, die jeden Blödsinn im Keim erstickten.

Spulen wir zu dem Tag vor, an dem der alte Paddy seinen Herzinfarkt hatte. Es war einer der Tage kurz vor dem Ende der Zeit, auf die Declan und ich gewettet hatten. Ich war hinter dem Haus und rührte im Poitín, als Declan kam. »Was kann ich für dich tun, Declan?« fragte ich und trat vor das Gebräu. Kein Leprechaun würde seinen Poitín bereitwillig mit Gästen teilen, sonst wäre nichts mehr übrig.

»Wenn ich Paddy Sterbegedanken schicke, damit wir das Gold bekommen, stecke ich in einem ethischen Dilemma «, sagte er und wich meinem Blick aus.

»Das ist kein Dilemma für mich«, sage ich. »Mein Mitgefühl gilt dem armen Menschen.«

»Du hast natürlich Recht«, antwortete Declan, »aber das widerspricht allem, was mir von meiner Familie und meinen Leuten beigebracht wurde. Es ist klar, er wird sowieso sterben. Warum ihm nicht zu einem schnellen friedlichen Tod verhelfen und das Gold kassieren? So hat man es mir beigebracht.«

»Das kommt dem, was man mir beigebracht hat, ziemlich nahe. Nichtsdestotrotz ist das nicht der Weg, den ich jetzt gehe, und ich sehe, dass du ihn auch nicht gehst. Du beschwerst dich über etwas, von dem du bereits weißt, dass du es nicht tun wirst.«

»Das ist wahr«, lachte er. »Ich habe Mitleid mit den Menschen. Ich will ihnen nicht einmal mehr Streiche spielen. Trotzdem, das Gold wäre sehr hilfreich.«

Also warteten wir auf den Tag, an dem Paddy sterben würde, und fassten einen Entschluss. Gott sei Dank, am letzten Tag unserer Wette ist der alte Paddy gestorben und wir haben gewonnen, was mich nun zur Totenwache bringt.

Da Paddy sehr traditionell war, freute sich die ganze Gemeinschaft der Leprechauns, Trolle und Kobolde auf das Ereignis. Als der Tag kam, zogen mein Mädchen und ich unsere besten Jacken an. Unsere Jacken waren nicht schwarz, wie Menschen sie zu einer Totenwache tragen, da ich diese Farbe für meine Jacke nicht ausstehen kann, obwohl ich zu Ehren des alten Paddy meinen besten schwarzen Zylinder aufhatte.

Ich sollte Sie wohl am besten darüber in Kenntnis setzen, wie die Iren eine Totenwache abhalten. Zunächst einmal braucht man eine tote Person. Die Totenwache findet normalerweise im Haus des Verstorbenen statt, und als wir ankamen, war Paddys Totenwache bereits im Gange. Die Vorhänge waren zugezogen, die Spiegel abgedeckt und die Uhr angehalten worden. Die Familie hatte dies zum Zeitpunkt von Paddys Dahinscheiden getan, und da lag er nun in seinem Zustand auf dem Esszimmertisch, mit Kerzen zu seinen Füßen und an seinem Kopf, und das Fenster war offen, damit seine Seele in Frieden gehen konnte.

Áine und ich waren erst eine Weile dort, als eine schwarzgekleidete Gruppe von Kobolden eintraf. Wie es sich gehört, gingen sie im Gänsemarsch um Paddys Leiche herum und murmelten, was für ein guter alter Bauer er doch gewesen sei. So weit, so gut... bis die Langeweile einsetzte. Ein junger Kobold blies eine Kerze zu Paddys Füßen aus, was die anderen zum Glucksen brachte. Paddys Tochter Clare dachte, es sei der Wind gewesen, schloss das Fenster zu einem Spalt und zündete die Kerze wieder an. Clare hatte sich gerade erst hingesetzt, als einer der Freunde des jungen Kobolds, der ihm zuzwinkerte, eine Kerze an Paddys Kopf ausblies. Clare erhob sich, um die Kerze wieder anzuzünden und das Fenster noch etwas weiter zu schließen. Sie hatte sich gerade erst wieder hingesetzt, als der erste Kobold, der sich nicht übertrumpfen lassen wollte, zwei Kerzen zu Paddys Füßen ausblies. Es war klar, dass ein Wettstreit entbrannte, und die älteren Kobolde und Leprechauns stritten , wer von den beiden der bessere Kerzenausbläser sei, und klopften ihrem Favoriten auf die Schulter.

In diesem Augenblick sprang ein dritter Kobold hervor und blies, man glaubt es kaum, alle Kerzen in einem Atemzug aus. Er war der eindeutige Sieger und bekam viel Schulterklopfen, sogar von mir. Er hatte es gut gemacht, schuf keine Probleme und sorgte für mächtig viel Craic. Sogar die Menschen, die zugegen waren und darauf warteten, ihren Moment mit Paddy zu haben, lächelten über diese seltsamen Ereignisse. So auch Clare, die lächelte, als sie den Riegel am Fenster befestigte. Bei irischen Totenwachen wird normalerweise viel gelacht und gescherzt, es werden viele Witze und Geschichten erzählt – alles angeheizt durch Alkohol.

Da wir mit den Trauernden keinen Spaß mehr hatten, machten wir uns auf den Weg in die Küche, wo sich die Leute zum Essen und Trinken versammelt hatten, um auf den alten Paddy anzustoßen. Unser Timing war perfekt für das nächste Ereignis. Paddy war Stammgast in der örtlichen Kneipe gewesen, und dem Wirt, mit hochgestecktem Haar und im Sonntagsgewand, wurde gerade von ein paar jungen Burschen dabei geholfen, ein Fass Guinness durch die Küchentür zu hieven. Als wir sahen, wie sie mit dem Gewicht kämpften, liefen einige von uns Leprechaun- und Koboldmännern los, um ihnen zu helfen. Wir können Ihnen die Last abnehmen, wenn wir Lust dazu haben, und angesichts des Guinness hatten wir Lust dazu.

»Der Junge da rechts ist ein Schwächling«, rief Declan und rannte nach vorne, um das schräg hängende Fass zu stützen.

»Rutsch rüber, Declan«, sagte ich und kletterte unter das Fass. »Das ist ein Job für jemanden mit mehr Kraft.«

»Wenn es um Stärke geht«, sagte einer unserer Trollnachbarn grummelnd vor der Tür, »dann geht ihr am besten beide zur Seite und lasst mich das machen.«

Damit hob er das ganze Fass auf, lud es auf seine breiten Schultern und ging durch die Tür.

»Erstaunlich«, sagte der Wirt und stellte das Fass auf den Küchentisch, »ich hätte schwören können, das Fass sei viel schwerer. Meinst du, das sind die Elfen?«

»Könnte sein, oder es ist der Durst auf das Guinness«, sagte der schwächliche Junge und freute sich über seine neugewonnene Stärke.

Für uns Elementarwesen ist es nicht ungewöhnlich, solche Kommentare zu hören, wenn wir eine gute Tat vollbringen. Irgendwie scheinen die Leute zu wissen, dass es Hilfe von außen gab. Doch immer häufiger sprechen sie Gott oder Maria anstelle von uns an, und obwohl wir lieber selber anerkannt werden, sind wir immerhin froh, wenn sie wissen, dass es sich um Hilfe von anderen Ebenen handelt.

Im Nu wurde ausgeschenkt – hauptsächlich den Männern, aber auch ein paar Frauen kamen zum Bierchen. In diesem Augenblick meldete sich einer von Paddys alten Farmerkollegen zu Wort, der ein leeres Bierglas nahm und es zum Nachschenken hinhielt. »Falls das kleine Volk hier ist, sollten wir ihm auch ein Bier einschenken.« Er stellte das randvolle Bierglas auf dem Tisch neben dem Teller mit den Sandwiches ab, und Paddys Frau, die erkannte, dass es stimmte, schnappte ein paar Sandwiches vom Teller und legte sie für uns zur Seite.

»Das ist für die Geister«, sagte sie, während die anderen zusahen, »um sicherzugehen, dass Paddy willkommen ist, wo immer er hingeht. Er hat Brot und Käse geliebt.«

»*Sláinte*«, sagte der Mann und hob sein Glas – ein Zeichen für die Älteren, auf uns Elementarwesen zu trinken. Ein paar modernen Menschen galt es vielleicht Maria oder Jesus. Dann kam das Trinken, Anstoßen und Essen voll in Gang.

Declan kam zu mir herüber und erklärte: »Ich bin bereit für einen Nachschlag. Und du?«

»Ich habe gesehen, dass jemand Poitín mitgebracht hat, und ich würde gerne einen Schluck davon trinken, um zu sehen, ob die menschliche Version mit meiner mithalten kann.«

Declan und ich schlenderten lässig zum Poitín hinüber, denn wir wollten nicht zu viel Aufmerksamkeit erregen. Unsere Gläser waren bis zum Rand gefüllt, und ich hob ihm meins entgegen und erklärte: »Auf dich. Du hast einen guten Kopf auf deinen Schultern. Du hättest einen guten Leprechaun abgegeben.« Das war das schönste Kompliment, das ich ihm machen konnte.

»Jetzt, wo du es sagst, wollte ich dir etwas sagen«, antwortete er und trank seinen Poitín aus. »Aber vorher möchte ich noch einen Schluck trinken. Er ist gar nicht so schlecht, wirklich.«

Ich habe ein bisschen mehr Gewicht als der arme Declan, weil er ein Kobold ist und so, und ich merkte an seinem Lallen, dass er nicht noch mehr Poitín brauchte. Trotzdem, ein Freund ist ein Freund, und ich würde nicht wollen, dass er allein trinkt. Das ist nicht freundlich. »Dann nehme ich auch einen Schluck«, sagte ich und hielt ihm das Glas hin, damit er einschenken konnte.

»Es ist ein etwas heikles Thema«, sagte er, wurde rot und kippte seinen Drink hinter die Binde. »Du musst versprechen, dass du nicht lachst.«

»Das kann ich nicht versprechen, aber ich werde dich in Ruhe anhören«, sagte ich und fragte mich, was für einen Kobold so wichtig und ernst sein könnte, denn nichts lieben sie mehr als einen guten Lacher.

»Erinnerst du dich, dass du gesagt hast, ich würde einen guten Leprechaun abgeben? War das dein Ernst?«

Jetzt war ich neugierig. Worauf wollte er damit hinaus? Erst einmal brauchte er eine Antwort. »Es ist wahr, dass du viele Leprechauntugenden hast, aber vielleicht liegt es daran, dass du mit mir und meinen Leprechaunkollegen herumhängst, besonders mit denen, die wollen, dass du für sie spionierst, wenn die Frauen über unser Handfasting diskutieren. Auf diese Weise habe ich dich besser kennengelernt.«

»Das ist genau das Thema, über das ich sprechen möchte«, sagte Declan und schenkte ein weiteres Glas ein. »Ich habe ein Auge auf ein Mädchen geworfen, das ich gerne…«

»Herzlichen Glückwunsch«, unterbrach ich ihn, hob mein Glas und prostete ihm zu.

»Und«, sagte er und schaute auf seine Füße, »sie ist ein Leprechaunmädchen.« Bei diesen Worten kippte er um.

Das war das Ende der Totenwache für mich. Seine Nachricht zu verdauen, würde warten müssen. Ich gab seinen Koboldkameraden ein Zeichen, mir zu helfen, Declan auf die Beine zu hieven und ihn nach Hause zu tragen.

Gemischte Paare

Am nächsten Morgen stand Declan wie ein Häufchen Elend vor meiner Tür. Poitín hat am Tag danach einen fiesen Kick, und jedes Elementarwesen kann dir sagen, dass es besser ist, sich mit Guinness zu betrinken als mit einer Menge Poitín.

»Der letzte Abend ist ein bisschen verschwommen«, gab Declan zu. »Ich hätte es besser wissen müssen und kein Menschen-Poitín trinken dürfen, denn am Tag danach fühlt man sich nicht so gut. Ich bin in meinem Bett aufgewacht, konnte mich aber nicht daran erinnern, ob wir bei Paddys Totenwache über etwas Besonderes gesprochen haben.« Bei diesen Worten färbte sich sein Gesicht hellrosa, und ich dachte, ich lasse ihn noch ein bisschen zappeln.

»Was für eine Art von *besonders* meinst du?« fragte ich, steckte die Daumen unter die Achseln und lächelte ihn an.

»Mir scheint, du hast gesagt, ich wäre ein guter Leprechaun«, sagte er und grinste jetzt.

»Das scheint mir entfallen zu sein. Vielleicht erzählst du mir am besten noch einmal von deinen besonderen Neuigkeiten«, sagte ich, seine Misere in die Länge ziehend.

»Es begann damit, dass einer deiner Leprechaunfreunde mich bat, ein Mädchen auszuspionieren, dem er den Hof machen wollte. Wie du weißt, habe ich mir bei den Leprechauns einen guten Ruf erworben, wenn es darum geht, die Qualität ihrer Mädchen einzuschätzen, aber normalerweise werde ich erst in Anspruch genommen, wenn sie sich bereits für das Mädchen entschieden haben, das sie wollen. In diesem Fall war ich der Vorab-Spion – sagen wir, der Berater... Habe ich übrigens schon erwähnt, dass ich darüber nachdenke, den Beruf des Beraters zu ergreifen?«

»Komm auf den Punkt, Declan«, sagte ich. Ob er wohl jemals zum Kern der Geschichte kommen würde?

»Sieh an, wer da spricht. Nach all den Malen, die ich darauf gewartet habe, dass du zur Sache kommst.«

Das Thema, um das er kreiste, musste ihm sehr wichtig sein, sonst würde er es nicht vor sich herschieben, und so beschloss ich, geduldig zu sein und ihm Mut zu machen – zwei Tugenden, die ich kultiviert habe.

»Da hast du Recht. Lass dir Zeit«, sagte ich. »Möchtest du einen Tee, oder sollen wir in die Kneipe gehen?«

»Nicht die Kneipe«, antwortete er und wurde blassgrün, »aber vielleicht ist eine Runde drehen genau das Richtige.« Damit drehte er sich um und ging zur Tür hinaus, wobei seine dünnen Beine so schnell liefen, dass ich kaum Schritt halten konnte.

Es war ein milder Tag, und der Nebel hing tief und hüllte uns ein, genau wie ich es mag. Declan war schweigsam, und ich wollte nicht der erste sein, der das Wort ergreift, denn ich merkte, dass ich einen unfairen Vorteil hatte, weil er sich einigermaßen unwohl fühlte. Kumpel haben es sowieso nicht nötig, zu plaudern, und erst als wir das verlassene Dorf fast erreicht hatten, kam er zum Thema.

»Die Sache ist die, dass ich mich für ein Leprechaunmädchen entschieden habe«, platzte er heraus, die Augen auf den Boden gerichtet.

Es war so schlimm, wie es nicht schlimmer hätte sein können. Leprechauns und Kobolde können nicht heiraten, und so war er in ein ziemliches Chaos gestürzt. Dass wir so gute Kumpel geworden sind, war schon ein bisschen zu weit gegangen. Das war nicht normal. Aber eine Partnerschaft? Schlecht. Keiner der beiden Gemeinschaften würde es gefallen. Was sollte ich also sagen? Ich war sprachlos.

»Es ist nicht nötig, über die damit verbundenen Probleme zu sprechen, denn ich kenne sie sehr gut«, erklärte Declan und trat gegen die

Steine auf dem Weg. »Ich bin zu dir gekommen, weil ich auf deine Unterstützung und eine Lösung hoffe. Kann ich auf dich zählen?«

Mit diesen letzten Worten starrte er mich mit festem Blick unverwandt an. Ich wand mich unter dem Druck, denn wenn ich zustimmte, wäre das ein weiterer Punkt auf der langen Liste der Dinge, die ich bereits getan hatte, um meine Gemeinschaft zu erschüttern. Leprechauns mögen im allgemeinen ein stabiles, berechenbares Leben, und Declans Idee würde nicht gut ankommen. Ich schätzte kurz die Risiken meiner Hilfe ab und fand die Chancen nicht gut. Trotzdem war er mein Kumpel und Partner, wenn es darum ging, Elementarwesen mit Menschen zusammenzubringen. Außerdem hatte er mir oft beigestanden, wenn seine Koboldkollegen in Keel mich scharf kritisiert hatten.

»Natürlich bin ich für dich da, Declan«, erklärte ich. »Lass uns einen Plan ausarbeiten. Hast du schon eine Idee? Aber zuerst sollte ich fragen, ob das Leprechaunmädchen dich auch mag.«

Er errötete noch mehr und beschleunigte sein Tempo, so dass ich kaum mithalten konnte.

»Setzen wir uns auf den Felsen dort drüben«, sagte ich, atmete schwer und ging querfeldein. Er folgte mir und ließ sich neben mir auf eine große Granitplatte plumpsen. Ich war der Inbegriff von Geduld und wartete darauf, dass er weitersprach.

»Ich habe schon eine Weile ein Auge auf sie geworfen«, sagte er schließlich. »Sie wandert gern allein, genau wie dein Mädchen, und für einen Leprechaun ist sie ziemlich schlank, was ich sehr attraktiv finde. Vielleicht zu schlank für die meisten meiner Leprechaunkonkurrenten, was eine gute Nachricht ist.«

»Und hat es irgendwelche Anzeichen gegeben, dass sie an dir interessiert ist?« fragte ich, auf meine ursprüngliche Frage zurückkommend. Ein Leprechaunmädchen ist stur, man kann es nicht umstimmen, wenn es nicht interessiert ist.

»Ich habe bemerkt, dass sie mich bemerkt hat«, antwortete er und wurde wieder rot.

»Und hast du mit ihr gesprochen?« fragte ich. Es war nicht leicht, die Fakten zu erfahren.

»Nicht so, dass du es bemerken würdest«, antwortet Declan mit gesenktem Blick. »Deshalb bin ich zu dir gekommen. Ich dachte, du könntest ein gutes Wort bei ihr einlegen, wo du doch gerade glücklich verheiratet bist – oder noch besser, dein Mädchen bitten zu ihr zu gehen. Es erfordert Taktgefühl. Feingefühl. Denn wenn sie mich nicht will, will ich nicht, dass bekannt wird, dass ich interessiert war. Wenn unsere Elementargemeinschaft in Keel herausfindet, dass ich abgewiesen wurde, würden sie es nie vergessen. Was meinst du?«

»Gute Idee, ich werde Áine fragen. Sie kennt sich gut damit aus und viele Leprechaunmädchen suchen bei ihr Rat, vor allem junge Leute, die zeitgemäße Wege gehen wollen. Und die Vorstellung, ein Kobold und ein Leprechaun könnten heiraten, ist sicher so modern wie es nur geht.«

»Gut, dann bitte Áine, ob sie für mich Andeutungen machen will, und wenn es so aussieht, als ob mein Mädchen auch eine Andeutung macht, dann sorge dafür, dass herauskommt, dass ich es mit dem Handfasting ernst meine und ich sie nicht… Du weißt schon… ausnutzen will…« Declan beendete das Gespräch, drehte sich wie ein Derwisch auf den Fersen um und raste nach Hause, während ich in meinem eigenen Tempo nach Hause ging.

»Liebling«, sagte ich, als ich zur Tür hereinkam. »Kann ich kurz mit dir über etwas reden, das Declan betrifft? Du musst mir versprechen, dass du kein Wort zu den anderen Mädels sagst, sonst brichst du seinen Stolz.« Ich hielt inne, um sie die Bedeutung meiner Bitte verdauen zu lassen. »Hier, setz dich«, sagte ich und wies ihr den Stuhl an, » kann ich dir einen Tee bringen?«

»Was ist los?« antwortete Áine, die Hände in die Hüften gestemmt. Ein breites Grinsen zierte ihr hübsches Gesicht. »Immer, wenn du mir anbietest, mir Tee zu bringen, ist das sehr verdächtig.«

Mir war nicht klar gewesen, dass sie das bemerkt hatte. Ich musste mir also in Zukunft einen anderen Weg einfallen lassen, ihr Honig ums

Maul zu schmieren. Wie auch immer, zur Sache. »Meine Liebe«, sagte ich, »Declan ist ein bisschen aufgeregt. Er interessiert sich für das Handfasting, und das ist auch gut so, denn er sieht, wie glücklich du und ich sind.« Ich schenkte ihr mein gewinnendstes Lächeln.

»Ja«, sagte sie und stemmte die Hände in die Hüften. »Uuund…?«

Frauen, ganz ehrlich. So schwierig.

»Uuund…?« wiederholte Áine und warf mir einen geduldigen Blick zu.

»Also, hat irgendein Leprechaunmädchen angedeutet, dass Declan eine gute Partie wäre?« fragte ich leise.

»Könnte sein«, antwortete sie und ging in die Küche, um den Teekessel aufzusetzen.

»Und«, sagte ich und folgte ihr, »wer könnte das sein?«

»Wen hat Declan erwähnt?« gab sie zurück, und ihr schelmisches Grinsen kehrte in ihr schönes Gesicht zurück.

»Das hat er nicht gesagt«, sagte ich und ärgerte mich, dass ich nicht gefragt hatte. »Und von wem sprichst du?« fragte ich, wobei ich wieder mein schmeichelhaftes Lächeln aufsetzte.

»Ich würde sagen, Fiona könnte interessiert sein. Und wenn sie es wäre, was wolltest du von mir?« Das schlaue Mädchen wusste ganz genau, dass sie jetzt die Oberhand hatte.

Ich hätte Fiona nie als *schlank* bezeichnet. Außerdem war sie nicht mehr ganz so jung. Aber die Vorstellung eines Leprechauns von Schönheit mag sich von der eines Kobolds unterscheiden. Ich ergab mich in das Unvermeidliche und fragte: »Könntest du auf subtile Weise herausfinden, ob es Fiona mit Declan ernst meint?«

»Das könnte ich, mein Lieber. Möchtest du einen Tee?« sagte sie und goss kochendes Wasser in die Teekanne.

Áine machte keine Pause, um selbst Tee zu trinken, sondern ging sofort los, um Fiona deutliche Andeutungen zu machen. Ich hatte gerade meinen Tee ausgetrunken, als Áine zurückkam und verkündete: »Declan hat Glück. Fiona ist interessiert.«

»Gut gemacht«, sagte ich und umarmte sie herzlich, bevor ich mich auf den Weg zu Declan machte.

»Ich habe eine gute Nachricht: Fiona ist interessiert«, sagte ich und wunderte mich immer noch, warum er ausgerechnet sie unter all den hübschen Leprechaunmädchen ausgewählt hatte.

»Wer?« fragte Declan irritiert.

»Fiona, wie gewünscht«, antwortete ich und bekam ein ungutes Gefühl im Magen.

»Ohhhje«, schrie er und raufte sich die Haare. »Ich will nicht Fiona, sondern Roisín. Wie willst du das wieder in Ordnung bringen?«

Das war natürlich ein ziemliches Durcheinander, aber Leprechauns sind für ihre schnelle Auffassungsgabe bekannt, also sagte ich: »Sagen wir dem alten Oscar, dass Fiona an ihm interessiert ist. Da Oscar ein Leprechaun ist, hat er sowieso einen Vorteil. Außerdem hat er angedeutet, dass er sein Junggesellendasein satthat, und ich habe gehört, dass Fiona eine gute Köchin ist. Was sagst du dazu? Ich kümmere mich um ihn und schicke Áine los, um Fiona zu sagen, dass sie Oscar und nicht Declan sagen wollte. Immerhin klingen beide Namen ähnlich, nicht wahr? Da kann man sich leicht vertun. Und was Roisín angeht, gehst du am besten selbst, denn ich habe meine Schuldigkeit getan.«

Kobolde sind dafür bekannt, dass sie sich immer wieder aufrappeln, und Declan nahm meine Vorschläge dankend an. »Du hast recht«, sagte er und zog seine beste Jacke an. »Ich bin sofort weg, bevor du noch einen Fehler machst. Am besten mache ich ihr selbst den Hof. Die Neuigkeit hat sich wahrscheinlich schon in der Nachbarschaft herumgesprochen, also habe ich wenig zu verlieren.«

Mit diesen Worten war er zur Tür hinaus. Ich eilte nach Hause, um Áine zu bitten, alles mit Fiona zu klären, während ich mich um Oscar kümmerte. Wenn ich es mir recht überlegte, würden die beiden gut zusammenpassen. Oscar mochte Essen und hatte mehr als nur ein Bäuchlein, ganz zu schweigen davon, dass er schon im mittleren Alter war. Ja, Fiona würde gut zu ihm passen, auch wenn beide nicht besonders begehrenswert waren. Das zu sagen ist nicht schön, aber die Wahrheit ist die Wahrheit.

Áine war ebenso wie ich daran interessiert, den Ärger, den wir verursacht hatten, zu bereinigen. Daher vereinbarten wir uns gegenseitig geheime Botschaften durch den Äther zu schicken, um sicherzustellen, dass beide einverstanden waren. Schließlich wollten wir nicht noch ein größeres Chaos anrichten. Áine ist ein charmantes Mädchen und konnte den Wandel vom Handfasting mit einem Kobold zu einem Leprechaun so positiv darstellen, dass es ihr ein Leichtes war, Fiona dazu zu bringen, Oscar zu wollen. In der Zwischenzeit habe ich Oscar, ohne das Fiasko mit Declan zu erwähnen, die Vorzüge von Fiona erklärt, und auch er fand die Idee gut.

Nachdem wir unsere gute Tat für den Tag vollbracht hatten, entspannten Áine und ich uns vor dem Kamin und beglückwünschten uns, als Declan plötzlich hereinplatzte. Mit einem albernen Grinsen im Gesicht hüpfte er durch den Raum.

»Erzählst du uns die Neuigkeiten, Junge?« fragte ich, froh zu sehen, dass alles gut gegangen war.

Ganz aus der Puste begann er: »Ich kam in Roisíns Haus an, als die Heiratsvermittlerin gerade in den Salon geführt wurde. Was für ein Timing! Ich bin zum Fenster geeilt, um zu lauschen, nur um Roisíns Mutter sagen zu hören: ›Roisín wird nicht jünger, also sollten wir überlegen, was wir tun können. Haben Sie irgendwelche Männer‹ – ich bin sicher, sie meinte Leprechauns – ›für sie?‹

›Sie ist keine große Schönheit, weil sie ziemlich dünn ist‹, antwortete die Heiratsvermittlerin, ›aber es gibt ein paar mögliche Partner, zum Beispiel den alten Junggesellen Oscar. Er hat mich neulich wegen einiger Möglichkeiten angesprochen, aber ich habe kein Wort gesagt, bevor ich nicht Ihr Einverständnis hatte.‹

Da sie Roisíns Leben aushandelten, hatte ich keine Zeit zu verlieren. Ich schlich mich zu Roisíns Zimmer und spähte durch ihr Fenster, nur um zu sehen, wie das arme Mädchen darauf wartete, zu erfahren, was für sie beschlossen wurde. In diesem Moment tat ich etwas ziemlich Mutiges. Ich sprang durch das Fenster, verschätzte mich und landete mit dem Gesicht nach unten auf ihrem Bett. Da mir sofort klar war, wie das aussehen würde, warf ich mich auf den Boden, kniete mich vor sie hin und bettelte: ›Bitte, liebe Roisín, ich tue dir nichts und will nur dein Bestes. Wirst du mich anhören?‹

Inzwischen stand sie mit dem Rücken zur Wand, hatte aber glücklicherweise nicht geschrien. ›Declan, was machst du da?‹ flüsterte sie. ›Du weißt, dass es sich für einen Mann nicht gehört, im Zimmer eines Mädchens zu sein. Du musst sofort gehen.‹

›Das werde ich, liebe Roisín‹, brachte ich heraus. Mein Herz pochte, als sie meinen Namen aussprach, denn wir hatten bis zu diesem Moment noch nie miteinander gesprochen, das war ja nicht üblich. ›Aber bitte hör dir meine große Hoffnung an. Ich habe dich aus der Ferne beobachtet und halte es für möglich, dass du mich beobachtet hast, und zwar mit einem zugeneigten Auge.‹

›Das mag sein‹, sagte sie leise. ›Du hast dir in unserer Gemeinde einen guten Ruf bei Leprechauns und Wichteln erarbeitet. Du bist kaum zu übersehen.‹

›Genau das ist der Punkt, liebe Roisín‹, flüsterte ich. ›Durch die Zusammenarbeit mit Himself, meinem Leprechaunfreund, beim Zusammenbringen von Menschen und Elementarwesen, habe ich die Lebensweise der Leprechauns sehr gut kennengelernt und mag sie sehr. Ich weiß, dass es traditionell nicht üblich ist, dass Kobolde und Leprechauns heiraten, aber die Zeiten ändern sich, und ich habe mich in ein wunderschönes Leprechaunmädchen verliebt, und ich bin gekommen, um dich nach deiner Meinung zu meiner Wahl zu fragen.‹

Mir brannte das Gesicht bei diesen Worten, aber ich wusste, dass es gesagt werden musste. Die Zeit war knapp, denn die Heiratsvermittlerin und ihre Mutter waren nebenan dabei, Dinge zu arrangieren, die mir nicht gefielen. Außerdem errötete sie inzwischen wie eine wilde Rose und verbarg ihr Lächeln hinter ihren schönen Händen, was darauf hindeutete, dass meine nächsten Worte willkommen sein würden.

›Es würde mich freuen, von dem schönen Mädchen zu hören, das dein Herz erobert hat‹, antwortete sie, und ihre hübschen Augen funkelten.

›Du bist es, liebe Roisín‹, sagte ich strahlend. ›Mir ist aufgefallen, dass du, wie Áine, Lloyds Mädchen, gerne neue Dinge ausprobierst, und ich dachte, du wärst vielleicht mutig genug, einen Kobold zum Mann zu nehmen. Ich kann dir ein aufregendes Leben mit einem treuen Gefährten versprechen. Was sagst du? Sollen wir gemeinsam einen neuen Weg für Leprechauns und Kobolde einschlagen?‹

Ich fing an, von all den Dingen zu schwärmen, die ich ihr noch zu sagen hatte, aber da Leprechauns praktischer veranlagt sind als Kobolde, hielt sie mich auf. ›Declan‹, sagte sie, ›meine Antwort ist natürlich *Aye*, also steh auf und verschwinde durch das Fenster, bevor meine Mutter durch die Tür kommt. Dann sag Áine und Lloyd, sie sollen für dich mit meiner Ma und meinem Pa reden. Geh jetzt, bevor die Heiratsvermittlerin und meine Mutter einen Deal mit einem Leprechaun für mich machen. Wir haben keine Zeit zu verlieren.‹

Hier bin ich also«, sagte Declan, der atemlos an unsere Tür zurückrannte, »und ihr müsst sofort zu Roisíns Mutter und Vater gehen und mit ihnen sprechen.«

»Du bist verrückt«, sagte ich, klopfte ihm auf die Schulter und gratulierte ihm. Und dann machten Áine und ich uns kichernd auf den Weg ins Dorf, um Roisíns Mutter und Vater von den Vorzügen von Declans und Roisíns Handfasting zu überzeugen. Áine und ich waren so zufrieden mit uns, dass wir darüber sprachen, im Nebenerwerb eine Partnervermittlung für gemischte Paare zu starten. Da wir uns dann aber wahrscheinlich wieder den Zorn der Heiratsvermittlerin wegen Untergrabung ihres Geschäfts zuziehen würden, beschlossen wir, uns mit dieser vielversprechenden Geschäftsmöglichkeit lieber zurückzuhalten.

Sie fragen sich wahrscheinlich, wie es ausging. Alles klappte perfekt, und am Ende hatten wir nicht eine, sondern sogar zwei Handfasting-Zeremonien. Manchmal führen Fehler zu etwas Besserem, als man hätte planen können. Außerdem hatte es einen Vorteil, Declan mit einem netten Leprechaunmädchen zu verkuppeln, denn so war ich nicht mehr der einzige Sonderling im Dorf. Er würde seinen gerechten Anteil an Kritik abbekommen, und, was noch besser war: Es war ein weiterer Schritt, das Neue voranzubringen.

Erhebung zum Großmeister

Jetzt komme ich zum Höhepunkt meiner Geschichte. Inzwischen hatte ich mir nicht nur bei den Leprechauns und anderen Naturgeistern auf Achill, sondern bei allen Elementarwesen in Irland einen guten Ruf erworben. Ich war dafür bekannt, dass ich moderne und traditionelle Methoden vereinte, um das Beste der Elementarwesen-Praktiken aller Arten in die moderne Welt zu bringen. Außerdem war ich stolz darauf, international mit Elementarwesen zu arbeiten, die entweder nach Keel kamen, um mich zu konsultieren, oder die wollten, dass ich zu ihnen kam. Die Absicht unserer Gruppe hat sich nie geändert. Wir konzentrierten uns darauf, wie Menschen und Elementarwesen global zusammenarbeiten können, um eine gesunde, nachhaltige Erde für unsere Völker und für alle Wesen zu schaffen.

Jetzt möchte ich euch von dem größten Ereignis erzählen, an dem ein Leprechaun beteiligt sein kann. Leprechauns haben keinen Hochkönig wie die Elfen. Man könnte sagen, wir sind eher demokratisch organisiert. Das passt besser zu uns, weil wir gerne unsere Meinung äußern und dafür bekannt sind, Freigeister zu sein. Man kann sagen, dass wir stolz und stur sind – nicht auf eine schlechte Art, aber Kompromisse zu schließen ist etwas, das wir von den Menschen erst lernen.

Allerdings gibt es eine Tradition, die über die Jahrhunderte weitergegeben wurde. Die größte Ehre, die einem Leprechaun zuteilwerden kann, ist das Amt des Großmeisters. Normalerweise wird der Großmeister im mittleren Alter gewählt und bekleidet dieses Amt viele Jahrzehnte oder sogar Hunderte von Jahren, bis er sich entscheidet, in den Ruhestand zu treten und sein Amt abzugeben. Diese Zeit war für Manas, den derzeitigen Großmeister, gekommen, der diese Aufgabe einige Jahrhunderte lang erfüllt hatte, nun aber entschlossen war, uns nicht mehr in die moderne Zeit zu begleiten. Leprechauns aus ganz Irland wurden gewählt, um ihre Gemeinschaft zu vertreten und über den neuen Großmeister abzustimmen. Und da ich mir bereits einen Namen gemacht hatte, wurde ich bestimmt, Achill bei der Konklave zu vertreten.

Viele Leprechauns hatten sich zu meiner Verabschiedung in Keel versammelt. Jeder hatte seine Meinung, wen ich als neuen Großmeister vorschlagen sollte. Sie hatten auf heiße Kandidaten gewettet und waren über einen Monat lang in Irland herumgereist, um sich ein Bild von den möglichen Kandidaten zu machen, und sie versuchten sogar, mich bei der Wahl unter Druck zu setzen.

Einer von Pas Freunden drängte mich in die Ecke, als ich zu meinem Schuppen ging. »Ich glaube, Rian ist die beste Wahl«, sagte er, »denn er kommt aus Tara und dem heiligen Boyne-Tal, wo unser Volk ursprünglich siedelte. Was denkst du, Kumpel?«

Ich kam nicht dazu, zu antworten, denn in diesem Moment stürmte Colm um die Ecke. »Blödsinn. Wir haben die Nase voll von dem alten Familienkram. Ich bin für einen neuen Mann. Diarmuid aus Ulster im Norden hat meine Stimme. Er hat schon viel länger mit menschlicher Technik zu tun als wir hier auf Achill, deshalb sollten wir ihn wählen. Meinst du nicht auch, Kumpel?«

In diesem Moment kam Pa an und sah, wie seine Kumpel mich bedrängten. »Lasst ihn in Ruhe! Habt ihr nicht gemerkt, dass er selbst ein guter Kandidat für den Job ist und dass ihr eure Worte vielleicht bald bereuen werdet?«

Das ist mein Vater, stolz auf die Seinen, wie es sich gehört. Seine Kumpel haben den Wink verstanden, mir auf die Schulter geklopft und mir Glück gewünscht. Es ist wahr, dass man in seinem eigenen Dorf nie geschätzt wird, selbst wenn man weithin hoch angesehen ist.

Um weiteren Stellungnahmen zu entgehen, verabschiedete ich mich und flüchtete in mein Haus, schnell gefolgt von Pa. Da erschien Ma.

»Wir glauben, dass du gute Chancen hast, zum Großmeister ernannt zu werden«, begann Ma. »Hast du dir schon überlegt, was du sagst, wenn du nominiert wirst?«

»Genau das habe ich ihm auch gesagt«, pflichtete Áine ihr bei. »Ich frage mich aber, ob er dann noch Zeit hat, sich um unsere beiden Kleinen zu kümmern.«

»Das würde dich mehr belasten«, sagte Ma, die die Dinge aus der Sicht einer Frau sah.

Daraufhin meldete sich Pa mit seiner Meinung. »Aber wenn er der Großmeister würde, wäre das gut für die Jungs und die ganze Gemeinde. Denkt an den Handel, der sich entwickeln würde. Alle unsere Erzeugnisse wären gefragt, und ich könnte sogar den Laden eröffnen, was ich mir überlegt habe, um an Touristen zu verkaufen. Es wäre der erste seiner Art. Sehr modern. Ich könnte meinen berühmten Poitín servieren, was den Verkauf sicherlich ankurbeln würde.«

Áine, Ma und Pa blickten mich gespannt an, um zu sehen, in welche Richtung ich neigte. So ein Mist! Es war unmöglich, allen gerecht zu werden. Die gute Nachricht ist, dass mich das ganze Tohuwabohu dazu brachte, darüber nachzudenken, was ich wollte und wie sich das wohl auf Familie und Freunde sowie auf das Land auswirken würde. Das war eine wichtige Überlegung, und ich war mir sicher, dass ich kandidieren würde. Das Amt des Großmeisters würde ein Opfer für meine Familie bedeuten, aber es wäre eine Chance, mehr Elementarwesen für die Zusammenarbeit mit Menschen zu interessieren. Diese Gedanken gingen mir in kürzester Zeit durch den Kopf, und so blieb mir nur noch, Áine zu überzeugen.

»Wenn ich Großmeister würde«, sagte ich, »weiß ich, dass es der Gemeinschaft zugutekäme. Da ich aber viel unterwegs sein würde, wäre es für dich und die Kleinen am schwersten. Deshalb denke ich, du solltest das letzte Wort haben.« Das war eines der schwierigsten Gespräche, das ich mit Áine in unserer gemeinsamen Zeit geführt hatte. Was, wenn sie sagte: »Tu es nicht«? Wie würde ich mich dann entscheiden?

Áine warf mir *den Blick* zu. Jeder Mann kennt *den Blick*. In einem Aufblitzen sah sie, was passieren würde. Ich gehe… sie und die Jungs allein. Ich sah, dass sie diese Vision gegen die Tatsache abwog, dass ich die Position und das Gute, das ich tun könnte, wollte. In diesem Moment mischte Ma sich ein.

»Ich helfe gerne mit den Kleinen. Ich würde gerne mehr Zeit mit ihnen verbringen, und wenn dein Vater einen Touristenladen eröffnen will, kann ich meine Zeit auch in etwas investieren.«

»Nun«, sagte Áine und lächelte erst Ma und dann mich an. »Dann ist das ja geklärt. Wir werden hier gut zurechtkommen. Geh jetzt, und viel Glück für dich. Du wirst ein guter Großmeister sein. Das wissen wir doch alle!«

Ich bin leichten Herzens zur Abstimmung gegangen, weil ich wusste, dass ich die Unterstützung meiner Familie hatte. Davon kann ein Mann nie zu viel haben, oder? Und wer war der erste Mann, dem ich begegnete? Shamus, mein Leprechaunfreund aus den Midlands, den ich seit einer Ewigkeit nicht mehr gesehen hatte. Seit dem letzten Mal war er ein bisschen schwerfällig geworden, aber sein verspieltes Grinsen verriet, dass er immer noch für einen guten Scherz zu haben war.

»Shamus«, sagte ich und schlug ihm freundschaftlich auf die Schulter. »Was für ein schöner Anlass, dass wir beide hier sind, um einen neuen Großmeister zu wählen – hoffentlich einen, der uns Elementarwesen bei der Zusammenarbeit mit Menschen wohlgesonnen ist.«

»In der Tat«, sagte er und lächelte breit. »Und meinst du, es könnte einer von uns werden? Wäre das nicht das Beste?«

»Ja, genau das habe ich auch gedacht«, antwortete ich meinem alten Kumpel, »und ich habe einen Plan.«

»Wann hast du denn keinen Plan?« fragte er. »Dann lass mal hören.«

»Bevor wir zu dem Plan kommen: Willst du selbst der Großmeister sein? Wenn ja, wird der Plan nicht funktionieren.«

»Ich wäre gerne der Großmeister, aber ich habe fünf junge Mädchen zu Hause und ihre Mutter würde mich köpfen, wenn ich dieses Amt annehmen würde. Aber wenn es so sein sollte, würde sie sich den Wünschen des Konklaves beugen, denke ich. Ich hätte nichts dagegen, wenn du der Versammlung einen kleinen Schubs in meine Richtung gibst, damit sie an mich denkt. Ich nehme an, Áine hält dir zu Hause den Rücken frei, du Glückspilz, also weiter. Wie lautet der Plan?«

»Zunächst einmal müssen wir uns als Kandidaten aufstellen lassen, also schlage ich dich vor, wenn du mich nominierst.«

»Alles klar. Aber da sind noch Diarmuid und Rian, die den Job haben wollen. Was machen wir mit ihnen, denn das sind die beiden, an denen wir vorbeimüssen?«

»Ganz genau. Deshalb brauche ich deine Hilfe. Ich darf die Anhänger der beiden nicht verprellen, wenn ich gewinnen will. Es muss so aussehen, als habe ich die besten Eigenschaften von uns beiden. Das heißt, du musst sowohl Diarmuid als auch Rian unterlaufen und ihre Anhänger auf mich umlenken.«

»Ich verstehe«, antwortete Shamus und verschränkte die Arme vor der breiten Brust. »Süß duftende Rosen für dich und Dornen für mich. Und was habe ich davon?«

»Ich habe viel über diese Frage nachgedacht, und es gibt zwei Hauptgründe, warum du mir bei der Wahl helfen solltest. Erstens komme ich deinen Ansichten am nächsten in der Frage, wohin wir die Elementarwesen führen müssen, wenn wir in dieser modernen Welt überleben wollen. Rian hat adeliges Blut, also wird die alte Garde immer für ihn stimmen; deshalb müssen wir zeigen, dass die traditionelle Leprechaunmethode in der modernen Welt nicht funktioniert. Wir können nicht zu Hause bleiben, Schuhe und Poitín herstellen und in den Kneipen philosophieren. Und dann ist da noch Diarmuid, der – das muss man ihm zugutehalten – den Wandel will. Aber er ist ein Tyrann, der versuchen würde, über Elfen und Kobolde zu herrschen, und du weißt so gut wie ich, dass dies die Elementarwesen in Fraktionen spalten würde. Dann würden wir unsere

Energie mit internen Auseinandersetzungen vergeuden, anstatt Wege zu finden, mit den Menschen zusammenzuarbeiten, um der Erde zu helfen.«

»Du hast einen starken ersten Punkt, aber was ist der zweite?« fragte er, die Arme immer noch verschränkt.

Jeder Dummkopf weiß, dass man, ob Freund oder nicht, einen Handel versüßen muss, wenn man die volle Kooperation will. Shamus brauchte etwas Persönliches für sich. Shamus und ich waren so erschöpft davon, in Irland die Naturgeister für eine Partnerschaft mit den Menschen zu bewegen, dass es nur natürlich war, dass wir ein wenig Hoffnung auf eine schöne Zeit brauchten, um uns darauf freuen zu können.

Ich drückte die Schultern zurück, schaute ihm fest in die Augen und ließ die Karotte baumeln. »Ich denke, wir müssen den Einfluss der Elementarwesen über Irland hinaus ausweiten. Ich werde in die ganze Welt reisen müssen, um mit den Elementargemeinschaften zu arbeiten und sie für unsere Vision zu interessieren. Ich brauche eine Vertretung, wenn ich im Ausland bin, und du bist der richtige Mann für diese Aufgabe. Du kannst es als Teilzeitjob betrachten, damit du deiner Frau und deiner Familie nicht zu sehr fehlst.«

Er löste sofort die Arme und umarmte mich. »Das ist ein großartiger Plan, und ich bin dabei«, sagte er und drückte mich so fest, dass ich nach Luft rang. »Ich kümmere mich sofort darum. Es hat keinen Sinn zu warten, bis wir Kandidaten sind, um Werbung für uns zu machen. Ich mache mich auf den Weg, um dein Loblied zu singen und Rians Anhänger zu beeindrucken. Du gehst zu Diarmuids Anhängern und bist die ruhige Stimme der Vernunft, die aufzeigt, dass die Wahl von Diarmuid zu Kämpfen unter den Elementarwesen führen wird. Ich bin sicher, daran haben die meisten noch gar nicht gedacht.«

Das war also unser Plan, und als ich Shamus und er mich nominierte, war klar, dass einer von uns zum Großmeister gewählt werden würde. Dies erforderte eine zweite Verhandlung.

»Shamus«, sagte ich, als wir unter uns waren, »wir haben gute Arbeit geleistet, um mit Rian und Diarmuid fertig zu werden, aber jetzt haben wir ein anderes Problem. Du bist so stark in Erscheinung getreten, was ist, wenn du gewählt wirst? Oder willst du das?«

»Ganz und gar nicht«, sagt er, »ich halte an dem Plan fest, dein Stellvertreter zu sein, aber du hast nicht weit genug vorausgedacht. Wenn ich nicht wie ein guter, solider Stellvertreter aussehe, wird unser Konklave niemals zustimmen. Du hast immer wieder neue Ideen, und deshalb sind nicht alle diese Männer von dir begeistert. Ich muss mich knapp geschlagen geben und lehne schließlich ab, wenn ich traurig feststelle, dass ich für meine junge Familie zu viel unterwegs wäre. Wenn ich wegen meiner Familie zögere, das Amt anzunehmen, wird das zu Hause gut ankommen, und auf diese Weise habe ich auch die traditionellen Leprechauns auf meiner Seite. Dann bietest du mir einen Kompromiss an: Du bist der internationale Botschafter und ich bin der Mann vor Ort. Das muss ich dann wohl oder übel akzeptieren.«

War er nicht ein gerissener Bursche, der mich überlistet und sich ein größeres Stück vom Kuchen ergattert hatte, als ursprünglich vereinbart war? Aber er hatte es verdient, und ich hatte das Gefühl, dass wir gut zusammenarbeiten könnten, also sagte ich: »Guter Plan, und wer wird *Großmeister* genannt?«

»Du«, sagte er großmütig, »außer, wenn ich da bin.« Bei seinen letzten Worten brach er in Lachen aus.

So wurde ich zum Großmeister… für die meiste Zeit. Und so haben mein Kumpel Shamus und ich den perfekten Deal für uns beide gemacht. Aber ich nehme an, Sie wollen von der Amtsübergabe hören, also will ich Sie nicht auf die Folter spannen. Immerhin ist das der Höhepunkt meiner Geschichte. Habe ich schon erwähnt, dass wir in Uisneach waren? Vielleicht haben Sie noch nie davon gehört – das wäre Ihr Pech, das ich gerne beheben werde.

Uisneach befindet sich im Zentrum Irlands – dem Nabel unserer heiligen Insel –, und der Schleier zwischen den Welten ist dort dünn. Die *Tuatha Dé Danaan*, die Vorfahren der Elementarwesen, lebten in Uisneach mit ihrer Königin Eiru, die Irland seinen Namen gab. Deshalb ist es für uns heilig. Wenn ein Elementarwesen seinen Weg verloren hat, pilgert es oft nach Uisneach, um ihn wiederzufinden. In Uisneach können wir mit den Ahnen aller Arten, denen der Elfen, Leprechauns, Kobolde und Trolle sprechen. Wenn eine heilige Zeremonie ansteht, wandern wir nach Uisneach, und von jeher haben wir die Wahl des Großmeisters auf diesem Hügel abgehalten, um den Segen der Ahnen zu erhalten.

Das Konklave währte viele Tage, bis ich zum Großmeister gewählt wurde. Wir hatten Zeit, uns über das Leben der einzelnen Teilnehmer auszutauschen und darüber, wie es bei ihnen zu Hause aussah. Aus den Berichten ging hervor, dass der traditionelle Weg der Leprechauns nicht mehr möglich war. Sie wussten, dass ich sie in die Richtung führen würde, die Leprechauns und alle Elementarwesen wohl oder übel einschlagen mussten, um einen Platz in der modernen Welt zu finden.

Die häufigsten Themen waren, dass Bäume und ganze Wälder abgeholzt wurden und kleine Bauernhöfe an Großunternehmen verlorengingen. Die Bauern, die jahrhundertelang das Land und die Naturgeister respektiert hatten, wurden vertrieben, weil sie wirtschaftlich nicht mehr zurechtkamen. Es war eindeutig: Würden die Elementarwesen keine neuen jüngeren Verbündeten finden, die die Elementarwesen und das Land schätzten, würde unsere Art wie unsere Vorfahren auf andere Ebenen verdrängt werden und unsere Energien gingen der Erde verloren. Dies würde zur Verwüstung der Erde und aller ihrer Wesen führen. Keinem auf dem Konklave gefiel diese Vorstellung, und Shamus und ich hatten die meiste Erfahrung in der partnerschaftlichen Arbeit mit Menschen, die sich der Heilung der Erde widmen. So war man sich einig, dass die Zeit gekommen war, weltweit Verbündete unter den Elementarwesen und den Menschen zu finden. Kraft war nicht mehr in der Abschottung zu finden, sondern nur in der Gemeinsamkeit. Diese Erkenntnis war für viele bitter, denn Leprechauns ändern sich nicht so leicht, vor allem dann nicht, wenn wir nicht sicher sein können, was die Veränderung bringt.

Shamus, der zu seinem Wort stand, hatte mir seine Stimme gegeben, mit der Zusage, dass er mich vertreten würde, wenn ich durch die Welt reiste und mit Naturgeistern sprach, um sie zu überzeugen, sich unserer Vision anzuschließen. Wir Leprechauns sind dafür bekannt, dass wir einen guten Kopf haben, wenn es darum geht, praktische Pläne zu schmieden und sie umzusetzen. Wir sind auch gut darin, andere von unseren Plänen zu überzeugen, und die Leprechauns in unserem Konklave waren stolz darauf, dass irische Leprechauns international zu Elementarführern würden.

Nun zurück zur Zeremonie. Sie fand unter freiem Himmel statt, denn wir sind Wesen der Natur und wollen, dass die Elemente Erde, Luft, Feuer und Wasser unseren heiligen Zeremonien beiwohnen. Die Leprechaun-delegierten bildeten zwei Reihen, die sich gegenüberstanden und so einen Durchgang bildeten, durch den der alte Großmeister seinen letzten Gang antreten würde. Manas war ein starker Anführer und hatte die Leprechauns einige Jahrhunderte lang zusammengehalten. Obwohl er einen weißen Bart hatte und nicht mehr in den besten Jahren war, war er alles andere als altersschwach. Allerdings war er ziemlich traditionell, und da er die Wahl selbst angesetzt hatte, war klar, dass er sich der Aufgabe, uns in die Moderne zu führen, nicht gewachsen fühlte. Dass er nicht so überheblich war, an seiner Macht festzuhalten, wenn sie der Gemeinschaft nicht länger diente, bewies seinen guten Charakter.

Die Leprechauns hatten ihre besten Kleider angezogen. Einige waren in traditionellem Braun und Grün gekleidet, andere, die beweisen wollten, wie modern sie waren, trugen lilafarbene oder rote Jacken mit schwarzen Hosen. Einer, der seine *Hipness* betonte, trug sogar regenbogenfarbene Schuhe, die Liam, mein Junge, sicher auch gern gehabt hätte. Einige der Älteren stützten sich auf Stöcke, und die Jüngeren ärgerten sich darüber, wie lange es dauerte, bis die Älteren sich anstellten. Aber bei zwei Dingen passten sich alle an: Jeder trug einen für seine Heimatgemeinde typischen Zylinder und auf der Brust ein Kleeblatt, das Symbol unserer Leprechaun-Art.

Als Manas langsam zum Altar schritt, trug er unser traditionelles Gewand, grüne Jacke und braune Hose, und an seinen schwarzen Schuhen glänzten silberne Schnallen. Über den Schultern trug er eine Stola mit grünen Kleeblättern, die mit den Namen der Dörfer und Städte bestickt waren, die er vertrat. Als Wahrzeichen für sein Amt trug er einen goldenen Stab mit einem großen Kristall an der Spitze.

Stramm aufrecht gehend, nickte er grüßend jedem Leprechaun in der Reihe zu, auch denjenigen, die nicht zu seinen treuesten Anhängern gehörten. Ich beobachtete ihn aus nächster Nähe und zog daraus Lehren für meine Zeit als Großmeister. Als er zu mir kam, zwinkerte er mir zu und zeigte mir damit, dass er auch nach zwei Jahrhunderten, in denen er die Last der Verantwortung trug, bei allem noch immer seinen Humor bewahrt hatte. Er ging zum Kopfende des Ganges und drehte sich zu uns um.

»Freunde«, begann Manas, »es war mir ein Privileg, euch in den letzten Jahrhunderten zu repräsentieren, und eine Ehre, dass ihr mich zum Großmeister gewählt habt. Ich habe mein Bestes gegeben, um unsere Gemeinschaft zusammenzuhalten und eure vielen Talente zu feiern und zu fördern.« Bei diesen letzten Worten lächelte er die älteren, traditionelleren Leprechauns an, und sie lächelten zurück und bejubelten ihn als den ihren.

Dann wandte er sich an die jüngeren, eher modern orientierten Abgeordneten und fuhr fort. »Gleichzeitig war ich weder blind noch taub für die Zeichen des Wandels und habe mein Bestes getan, um den notwendigen Veränderungen in unseren Gemeinschaften Rechnung zu tragen.« Während er sprach, lächelte er die modernen Delegierten an, und auch sie jubelten ihm zu. Was für ein guter Politiker, dachte ich und wurde wieder daran erinnert, wie wichtig es ist, die Zustimmung von Leprechauns mit unterschiedlichen Ansichten zu haben.

»Aber es ist an der Zeit«, fuhr er fort, »die Änderungen umzusetzen, die von denen eingeführt wurden, die an vorderster Front des Wandels stehen. Es sind ihre Ideen, die sich durchsetzen müssen, wenn wir Leprechauns und alle Elementarwesen einen erfolgreichen Übergang in die moderne Welt schaffen wollen. Diese Veränderungen wurden sowohl von Lloyd als auch von Shamus in unsere Gemeinschaft eingebracht, und es fällt mir nicht leicht zu sagen, welcher von beiden die beste Wahl für den neuen Großmeister wäre. Zum Glück«, fügte er lächelnd hinzu und drehte seinen Kopf, um alle Leprechauns anzuschauen, »habt ihr mir die Wahl abgenommen.«

Mit einem Blick auf mich fuhr Manas fort: »Ich rufe nun Lloyd auf, vorzutreten, und bitte Sie, ihn als neuen Großmeister willkommen zu heißen.« Damit gab er mir das Zeichen, mich zu seiner Rechten aufzustellen und mich dem Konklave zuzuwenden.

Ich wollte gerade mit meiner Dankesrede beginnen, als Manas hinzufügte: »Und Shamus«, sagte er und gab ihm ein Zeichen, nach vorne zu kommen und sich zu seiner Linken hinzustellen, »wie das Leprechaun-Konklave beschlossen hat, wirst du die Vertretung des Großmeisters sein, wenn Lloyd nicht da ist.«

Alle jubelten über Manas' Worte, und wieder einmal erfuhr ich von meinem Ältesten, wie es geht. Er hatte mir viel beizubringen, und ich würde ihn bei der nächsten Gelegenheit um Rat fragen. Shamus war besser darin, sich Freunde zu machen und Wogen zu glätten als ich, während ich – um es ohne falsche Bescheidenheit zu sagen – am besten darin war, eine neue Idee zu entwickeln und sie umzusetzen. Zusammen würden wir ein gutes Team abgeben.

Manas deutete mir, mich ihm zuzuwenden. Er nahm die Stola von seinen Schultern und legte sie mir um. Dann nahm er seinen goldenen Stab und mit den Worten: »Ich heiße dich als neuen Großmeister willkommen«, schlug er mir mit dem Kristall auf den Kopf und reichte mir den Stab. Ich war benommen, und es verschlug mir die Sprache, denn ich kam an einen Ort, an dem ich die Ahnen auf den höheren Ebenen aufgereiht sah, die mich in ihrer Mitte aufnahmen. Manas schaute mich verständnisvoll an, und da wurde mir klar, dass er und wahrscheinlich jeder Großmeister die gleiche Erfahrung gemacht, sie aber für sich behalten hatte.

Mit offenem Herzen und im Gefühl der großen Ehre, die mir zuteilgeworden war, wandte ich mich an Shamus und sagte: »Und ich heiße dich willkommen, Shamus, als stellvertretenden Großmeister, wenn ich im Ausland bin und den vielen Aufgaben hier für unsere Gemeinschaft nicht nachkommen kann.« Mit diesen Worten schlug ich ihm den Kristall auf den Kopf und sah, dass auch er sich aufgemacht hatte, um von den Ahnen willkommen geheißen zu werden.

So bekam unsere Leprechaun-Gemeinschaft zwei Großmeister anstelle von einem. Bis zum heutigen Tag arbeiten Shamus und ich sowohl in Irland als auch auf der ganzen Welt zusammen, um Elementarwesen zu helfen, die mit den Menschen zusammenarbeiten wollen, um die Erde zu heilen. Das ist das Ende meiner Geschichte.

Slán agus beannacht, wie wir auf der Smaragdinsel sagen – alles Gute und Gottes Segen für Sie.

Epilog

Elfengeschichten von Menschen vor Ort

von Tanis Heliwell

Ich habe aufgezeichnet, was mir die Bewohner von Keel über die Elfen und Lloyds Crumpaun Cottage erzählt haben. Um ihre Privatsphäre zu schützen, verwende ich jedoch nur die Vornamen der noch lebenden Personen. Die Namen der Verstorbenen sind die richtigen.

Die heutigen Besitzer von Crumpaun Cottage kauften es 1992. Als ich mich in Keel aufhielt und die lokale Geschichte sammelte, um das Buch für meinen Leprechaunfreund zu schreiben, rief ich sie an.

»Hallo«, begann ich, »mein Name ist Tanis Helliwell, und ich habe 1985 in dem Haus gewohnt. Ich würde mich freuen, wenn ich Sie morgen besuchen und mit Ihnen über die Geschichte des Hauses sprechen könnte.«

»Wir haben Ihr Buch über das Leben mit einem Leprechaun in unserem Haus gelesen, also wissen wir, wer Sie sind«, antwortete Anne mit freundlicher Stimme.

»Ja, das bin ich«, bestätigte ich, jetzt nicht mehr ganz so nervös, wenn ich davon sprach, ihr Haus sei von Leprechauns bewohnt.

»Kommen Sie nicht zu früh.«

Daraufhin antwortete ich: »Wie wäre es mit 10:30 Uhr?«

»Ah, das ist zu früh.«

»Wie wäre es mit 11:30 Uhr?«

»Das passt gut.« So kann man sich vorstellen, was *früh* an der Westküste Irlands bedeutet.

Seit ich dort gewohnt hatte, hatten die jetzigen Besitzer das Haus innen und außen renoviert. Der Putz war von den Außenwänden entfernt und der ursprüngliche Stein freigelegt worden. Als ich in dem Haus wohnte, war das Dach mit Schiefer gedeckt, und bei einem früheren Besuch hatte ich gesehen, dass man den Schiefer durch Stroh ersetzt hatte. Daher überraschte es mich, dass das Reetdach wieder durch Schiefer ersetzt worden war. Eamon sah, wie ich das Dach betrachtete, und sagte: »Wir haben es 1996 reetgedeckt, um den ursprünglichen Zustand wiederherzustellen, und damals sagte man uns, es würde 50 Jahre halten. Aber die Krähen haben das Stroh angefressen, und das Stroh war zu schwer und zu nass, so dass wir es 2014 wieder durch Schiefer ersetzen mussten. Schauen Sie sich die Initialen und das Datum auf dem Stein an, den wir bei der Entfernung des Putzes bei der Renovierung freigelegt haben: MG und 1749. Wir glauben also, dass das Cottage in jenem Jahr gebaut wurde.«

»Ich habe gehört, dass Sie hier nicht ständig wohnen, stimmt das?« fragte ich, um bestätigt zu bekommen, was der Leprechaun mir gesagt hatte.

»Wir leben in Dublin und kommen in den Ferien hierher, aber unsere Tochter Maeve hat eine Zeit lang mit ihrem Mann hier gelebt. Sie liebten es, denn sie surfen hier.«

»Wenn das Haus 250 Jahre alt ist, können Sie mir dann mehr über die früheren Besitzer erzählen?« fragte ich.

»Das junge Paar, das es vor uns hatte, war nur kurz hier. Sein Name war Murt – kurz für Matthew, glaube ich –, und sie war Französin. Das Haus gehörte der Stadt, die ihnen eine Hypothek gewährte, aber ich glaube, sie haben ihre Raten nicht gezahlt, und so haben wir es bekommen. Für weitere Informationen fragen Sie am besten Gerry, der viele Jahre lang der Postbote war.«

Ich verabschiedete mich und ging die Straße hinunter zu Gerrys Haus. Er war der Postbote gewesen, als ich 1985 in dem Haus wohnte, und er erkannte mich sofort. Seine Frau Bernie, kurz für Bernadette, führte mich herein und bot mir einen Platz an. Gerry hatte einige Schwierigkeiten beim Gehen und nahm den Platz mir gegenüber ein. Doch selbst mit 84 Jahren hatte er noch ein lebhaftes Erinnerungsvermögen.

»Ich recherchiere die Geschichte von Crumpaun Cottage«, sagte ich zu ihm, »und fragte mich, ob Sie wissen, wofür die Initialen MG auf dem Eckstein des Cottages stehen?«

»Ich würde sagen, es könnte Michael oder Martin Gallagher bedeuten. Gallaghers Tochter Eliza war die Tante von Lily Barrett, die eine White wurde, als sie heiratete. Lilys Tochter gehört das Gästehaus, in dem Sie wohnen.«

»Ich kenne ihre Mutter noch aus der Zeit, als ich in Crumpaun Cottage wohnte«, sagte ich. »Sie erzählte mir, dass es einst ihrer Familie gehörte und dass sie es das *Feenhäuschen* nannten. Haben Sie jemals gehört, dass es in dem Cottage spuken soll?«

»Das habe ich«, antwortete Gerry. »Deliah war der Name einer Cottagebewohnerin, und diese Deliah hatte einen Neffen, Steven, der manchmal in dem Cottage wohnte. Er und ich gingen zusammen zur Schule, und Steven erzählte immer von den guten Leuten, den *daoine maithe*, die dort lebten. Als Deliah starb, stand das Cottage lange Zeit leer, bevor die Davidsons [nicht ihr richtiger Name] es kauften, und sie hatten es, als Sie dort waren. Als die Davidsons es dann verkauften, hörte ich, dass die Leprechauns über die nächsten Bewohner des Hauses verärgert waren und versuchten, sie zum Verlassen des Hauses zu bewegen. Das ist alles, was ich Ihnen erzählen kann.«

»Vielen Dank für Ihre Zeit, und es war schön, Sie wiederzusehen«, sagte ich. Ich verabschiedete mich von Gerry und seiner Frau und ging die Straße hinunter in die Stadt und zurück zu Toms Werkstatt, dem Ort, an dem diese Geschichte begann.

Tom war hinten und als er mich sah, fragte er sofort: »Haben Sie sich über die lokale Geschichte für Ihr Buch informiert?«

»Ja, ich habe viele Dinge über Crumpaun Cottage und seine Besitzer erfahren und sogar einige Geschichten über das Kleine Volk.«

»Meine Frau Anna und ich haben Erfahrungen mit ihnen, und wenn Sie zu uns kommen möchten, erzählen wir Ihnen gerne davon.«

Das brauchte er nicht zweimal zu sagen. »Das würde ich gerne«, antwortete ich sofort.

Tom gab mir ein Zeichen, ihm zu folgen, überquerte den Hof zu seinem Haus und ging durch die Tür in die Küche. Anna drehte sich um, als wir eintraten, und Tom stellte mich vor. »Diese Dame interessiert sich für die Elfen. Sie hat einmal in Crumpaun Cottage gewohnt, und ich dachte, du würdest ihr gerne mehr erzählen.«

»Das wäre schön«, antwortete Anna. Lächelnd deutete sie auf einen Stuhl und sagte: »Setzen Sie sich und trinken Sie einen Tee.«

Irgendwann später, als wir mit dem Tee fertig waren, fragte Anna: »Wollen Sie mehr über Crumpaun wissen?«

»Das würde ich gerne. Ich bin neugierig, ob Sie etwas über das Paar wissen, das das Haus von den Davidsons gekauft hat«, antwortete ich.

»Ich war bei O'Malleys, als das Paar hereinkam, und ich hörte, wie sie Maureen, die im Laden arbeitete, fragten, ob sie ein Haus wisse, das zu verkaufen sei. Maureen sagte: ›Versuchen Sie es doch mal mit dem Cottage der Whites.‹ Das war Lily Whites Cottage, und ihr gehörte das Gästehaus, in dem Sie wohnen.«

»Entschuldigen Sie«, unterbrach ich verwirrt, »aber ich dachte, das Cottage gehörte damals den Davidsons.«

»Das tat es«, antwortete Anna, »aber wir nennen es immer noch das Cottage der Whites. Jedenfalls hielt es das Paar dort nur kurz aus und kam später und fragte Maureen: ›Warum hast du ein Spukhaus empfohlen? Sogar die Eingangstür wird mitten in der Nacht geöffnet.‹

Maureen erwiderte: ›Ich habe dir gesagt, wenn du es kaufst, brauchst du Weihwasser.‹«

Das Paar erzählte laut Anna, sie hätten eine Hellseherin hinzugezogen, die versuchen sollte, etwas herauszufinden, aber sie habe nichts feststellen können.

Anna fuhr fort: »Das Paar hielt es nicht lange aus und wurde vertrieben. Danach kauften die jetzigen Besitzer das Haus, und der Mann ihrer

Tochter surft mit unserem Sohn. Manchmal meinte er, ihm spielten wohl Kinder einen Streich, weil er sein Auto abends abschloss und es morgens offen war.«

»Kinder oder die Elfen, meinen Sie nicht?« Ich lächelte Anna zu, während Tom zuhörte.

»Ah, auf jeden Fall. Hinter Crumpaun gibt es ein Moor namens *fear bréige*, was auf Irisch ›Vogelscheuche‹ oder ›falscher Mann‹ bedeutet. Mein Vater, Martin Lavelle, erzählte, die Elfen im Moor hätten ihm ein Bein gestellt, so dass er sich mehrere Rippen brach.«

»Was glauben Sie, warum das passiert ist?« fragte ich.

»Ich kann es nicht sagen, aber zu der Zeit gab es in Keel keine Straßenbeleuchtung, denn die kamen erst in den 70er-Jahren, und er hatte ein neues Fernglas bekommen, das er bei sich trug.«

»Meinen Sie, dass die Elfen böse auf Ihren Vater waren, weil er die modernen Gebräuche angenommen hat?« erkundigte ich mich.

»Könnte sein«, antwortete Anna. »Die Traditionen sterben seit den 70er-Jahren aus. Sowohl meine Großmutter als auch mein Bruder konnten etwas sehen und hören, drei Tage bevor es passierte. Wir haben nur in der Familie darüber gesprochen und anderen gegenüber den Mund gehalten. Ich glaube, die Menschen haben diese Fähigkeit im Laufe der Generationen verloren.«

»In meiner Familie ist es genauso«, erzählte ich Anna. »Meine Mutter und mein Bruder haben wie ich die Gabe des zweiten Gesichts, aber erst in späteren Jahren haben sie darüber gesprochen, selbst mit mir.«

»Ich habe in diesem Haus eine ähnliche Erfahrung gemacht«, erzählte Tom. »Eines Nachts wurde ich geweckt und konnte die Stimme von Annas Vater im Nebenzimmer hören, aber ihr Vater war tot. Ich ging in sein Zimmer und sah ein menschenähnliches Wesen, das nicht Martin war, auf Martins Bett sitzen, das sich unter seinem Gewicht bog. Es war verschwommen, hatte aber eine Gestalt, und ich schaute dreimal hin und sagte dann: ›Ich sehe dich‹, und es verschwand.«

In diesem Moment stand Anna auf, ging durch den Raum und kam mit einem Stück Holz zurück, das sie mir reichte. »Es ist ein Stück

Feenholz aus der Grafschaft Clare, und es hat heilende Kräfte. Es stammt von einer Heilerin, die es nach Keel brachte, um einen jungen Mann von seiner Depression zu heilen, die er bekam, weil seine Großmutter in Nordirland eine Briefbombe erhalten hatte. Hier, riechen Sie daran.«

»Es riecht nach Natur«, sagte ich als ich an dem Holz roch. »Von welchem Baum stammt es wohl?«

»Wahrscheinlich Weißdorn. Er ist etwas Besonderes für die Elfen«, antwortete Anna. »Und auch heute noch benutzen wir dergleichen zum Heilen.«

»Ist das nur in Keel so«, fragte ich, »oder hört man auch in anderen Teilen Irlands von Elfen?«

Anna antwortete schnell. »Sogar in den Nachrichten gibt es neuerdings die Geschichte über ein junges Paar in Clare, dem der Vater gesagt hatte, sie sollten ihr Haus nicht auf einem der *sidhe grogans* bauen. Das ist ein Flecken im Moor, der wie die Kuppel einer Kirche emporragt und für die guten Leute etwas Besonderes ist. Doch das Paar baute das Haus trotzdem dort, und da es auf einem Pfad der Leprechauns lag, standen morgens sowohl die Vorder- als auch die Hintertür offen.«

»Das ist die gleiche Geschichte, die wir über das Paar im Crumpaun Cottage gehört haben«, antwortete ich.

»Das ist es«, antwortete Anna und nickte weise.

Es schien, als hätten sie und Tom alles, was sie über die Elfen, insbesondere die in Keel, wussten, mir mitgeteilt, und so sammelte ich meine Notizen zusammen und sagte: »Ich weiß es zu schätzen, dass Sie sich die Zeit genommen haben, mir so viel über die lokale Geschichte zu erzählen, und jetzt tippe ich meine Notizen am besten ab, um alles festzuhalten, was ich erfahren habe. Danke, Tom, dass Sie mir den Computer geliehen haben, damit ich alles aufschreiben kann.«

Danksagung

Zunächst möchte ich Simon Goede danken, der mir beim Lesen mehrerer Entwürfe freundlicherweise geduldig zuhörte, um jedes Mal darauf aufmerksam zu machen, wo diese gesegneten Kommas zu setzen sind, um den irischen Tonfall einzufangen. Apropos »irischer Tonfall«: Ich möchte Olga Sheean danken, die das Buch perfekt an das irische Idiom angepasst hat.

Dank an Andreas und Johanna Lentz vom Verlag Neue Erde für ihre fortwährende Unterstützung der Elementarwesen und der Erde. Und Dank an Laura Spies für ihre wundervolle Übersetzung.

Schließlich danke ich Lloyds Fans, die ihn wie einen alten Freund aufgenommen haben und neugierig auf sein Leben sind. Sie sind es, die uns zu Lloyds Autobiografie inspiriert haben.

Über die Autorin

Tanis Helliwell leitet seit über 30 Jahren international Transformations- und Heilungsworkshops. Sie ist Psychotherapeutin und bekannt dafür, körperliche, emotionale und mentale Traumata und Muster zu heilen. Tanis Helliwell unterrichtet ihre Techniken international vor Psychiatern, Ärzten, Psychotherapeuten und in der breiten Öffentlichkeit.

Neben ihrer psychotherapeutischen Praxis und ihren Workshops arbeitete sie 30 Jahre lang als Beraterin für Unternehmen, Universitäten und Behörden, um gesunde Organisationen zu schaffen und Menschen bei der Entwicklung ihres persönlichen und beruflichen Potentials zu unterstützen. Sie war über 20 Jahre lang Fakultätsmitglied des Banff Centre for Leadership und zählte IBM und viele medizinische, soziale und Umweltorganisationen zu ihren Kunden.

Tanis Helliwell ist eine gefragte Speakerin, deren aufschlussreiche Ansätze in einer Vielzahl von Disziplinen Anwendung finden. Sie hat auf Konferenzen gesprochen, an denen auch Rupert Sheldrake, Bruce Lipton, Matthew Fox, Barbara Marx Hubbard, Gregg Braden, Fritjof Capra und Jean Houston teilnahmen. Zu diesen Konferenzen gehören The Science and Consciousness Conference in Albuquerque, The World Future Society in Washington, DC und Spirituality in Business Konferenzen in Boston, Toronto, Vancouver und Mexiko. Sie hat sowohl auf der Jahreskonferenz der Edgar Cayce Association for Research and Enlightenment als auch auf der Jahreskonferenz für Schüler von Alice Bailey, bei Findhorn, Hollyhock und bei anthroposophischen Veranstaltungen Vorträge gehalten.

Im Jahr 2000 gründete sie das International Institute for Transformation (IIT), das Programme anbietet, die Menschen darin fördern, bewusste Schöpfer zu werden und mit den spirituellen Gesetzen zu arbeiten, die unsere Welt regieren. Tanis unterrichtet jährlich in Großbritannien, den

Niederlanden, Deutschland, der Schweiz, den USA und Kanada sowie in Schweden, Frankreich und anderen Ländern. Seit 2020, als das Reisen eingeschränkt wurde, bietet sie Live-Online-Kurse an, wie Transform Yourself, Co-creating with Nature Spirits to Heal the Earth und Ancestor and Family Healing.

Sie ist Autorin des Klassikers *Elfensommer* sowie von *Elfenreise*, *Mit der Seele arbeiten*, *Erkenne deine Bestimmung*, *Nicht ganz von dieser Welt*, *Die hohen Wesen von Hawaii*, *Umarmt von der Liebe* und *Good Morning Henry*. Ihre Bücher wurden in acht Sprachen übersetzt.

Sie widmet sich der Aufgabe, Menschen zu helfen, richtige Beziehungen zu sich selbst, zu anderen und zur Erde zu entwickeln.

TANIS HELLIWELL
1766 Hollingsworth Rd,
Powell River, BC, Kanada V8A 0M4
tanis@tanishelliwell.com
www.tanishelliwell.com
facebook.com/Tanis.Helliwell

Ein Quantensprung in unserer Beziehung zur Natur

Nachdem die Vorstellung, dass in der Natur unsichtbare Intelligenzen am Wirken sind, nicht mehr ganz so absonderlich erscheint, wie noch vor Jahren, ist jetzt die Zeit gekommen für dieses Buch, in dem uns einer vom elbischen Volk der Leprechauns erzählt, wie wichtig die Zusammenarbeit der Menschen mit den Naturgeistern ist. Leicht lesbar und auf unterhaltsame Weise bringt uns die Autorin Tanis Helliwell die Welt der Elfen, Devas und Elementale näher – und selbst Skeptiker werden ihr Vergnügen haben und ins Nachdenken kommen.

Tanis Helliwell
Elfensommer
Meine Begegnung mit den Naturgeistern
Ein Tatsachenbericht
Paperback, 224 Seiten
ISBN 978-3-89060-679-8

Eine »Pilgerfahrt« voller Überraschungen

Das zweite Buch von Tanis Helliwell, in dem sich die Naturgeister zeigen – wenn auch in einer für uns Menschen nicht immer sehr angenehmen Weise. Auf dieser Tour durch Irland stoßen die Leprechauns Tanis und ihre Gruppe mit ihrem Witz auf deren »blinde Flecken« und bringen sie immer wieder in das »Jetzt« – auch wenn nicht alle Reisenden das als besonders witzig empfinden. Doch letzten Endes ist es eine sehr lehrreiche Pilgerfahrt, auf der sich die große Weisheit der unsichtbaren Reisebegleiter offenbart. Wir Leser, vom Schalk der Naturgeister nicht betroffen, können uns bei der Lektüre bestens amüsieren – und dabei noch etwas dazulernen.

Tanis Helliwell
Elfenreise
Eine mystische Irlandfahrt mit den Naturgeistern
Ein Tatsachenbericht
Paperback, 208 Seiten
ISBN 978-3-89060-323-0

Nicht-menschliche Wesensanteile in sich entdecken
Immer mehr Menschen sind von der Existenz von »Naturgeistern« überzeugt, wie sie etwa Tanis Helliwell in ihrem Bestseller »Elfensommer« beschrieben hat. Aber gibt es auch »Hybriden«, Mischwesen aus Menschen und geistigen Entitäten? In ihrer therapeutischen Arbeit begegnete Tanis Helliwell immer wieder Menschen, die »anders« waren, für psychotherapeutische Ansätze nicht greifbar. Diese Entdeckung führte die Autorin zu jahrelangen Erkundungen, deren Ergebnisse sie in diesem Buch eindrucksvoll darlegt.

Dieses Buch liefert Informationen zu den am häufigsten vorkommenden Hybriden, die die Autorin entdeckt hat; darüber hinaus enthält es Geschichten der unterschiedlichsten Menschen, die von sich selbst glauben, ein bestimmtes Hybridwesen zu sein. Dabei gibt es nicht nur Elementarwesen-Hybriden wie Trolle und Elfen, sondern auch Sternwesen-Hybriden wie Drachen und Zentauren. Mit Hilfe eines Selbsttests im Anhang können die Leser feststellen, welche Wesen in ihnen stecken.

Tanis Helliwell
Nicht ganz von dieser Welt
Paperback, 176 Seiten
ISBN 978-3-89060-674-3

Ein etwas anderes Hawaii

Es hatte nur ein Urlaub an der Sonne sein sollen, doch wenn man mit einem Elementarwesen befreundet ist wie die hellsichtige Tanis Helliwell, dann wird daraus schnell eine Reise in fremde Gefilde, und es kommt zu Begegnungen mit Wesenheiten aus anderen Dimensionen. Und wie man Tanis und Lloyd aus ihren anderen Büchern kennt, sind diese Begegnungen sowohl unterhaltsam als auch lehrreich. Mit trockenem Humor und einer gehörigen Portion Chuzpe bringt Lloyd es fertig, dass Tanis nicht nur die betörende Großartigkeit der Landschaft von Hawaii kennenlernt, sondern auch die darin wirkenden »unsichtbaren« Wesen in den Vulkanen, Wasserfällen und am wild tosenden Meer. Hier erkennt Tanis Helliwell auch ihre innige Verwandtschaft mit dem Land und die es beseelenden Hohen Wesen als ihre Ahnen. So ist dieses Buch ein Lesevergnügen der ganz besonderen Art, wie man es schon von ihrem Bestseller »Elfensommer« kennt – diesmal allerdings mit exotischem Flair!

Tanis Helliwell
Die hohen Wesen von Hawaii
Meine Begegnungen mit geistigen Ahnen
Broschur, 144 Seiten
ISBN 978-3-89060-724-5

Einklang von spiritueller und materieller Arbeit

Auch wenn wir Erfolg im Beruf haben, bleibt oft eine gewisse Leere. Oder wir spüren wohl, was eigentlich unser Herzensanliegen ist, schaffen es jedoch nicht, es in unserem Berufsalltag umzusetzen. Erst wenn es uns gelingt, die oft sehr gegensätzlichen Bedürfnisse unserer Persönlichkeit einerseits und unserer Seele (oder unseres Höheren Selbst) andererseits zusammenzuführen, lassen sich Wohlstand und Seelenzufriedenheit finden. In diesem Buch finden Sie das notwendige Verständnis für die Zusammenhänge wie auch viele praktische Ratschläge, so dass Sie »mit der Seele arbeiten« können.

Tanis Helliwell
Mit der Seele arbeiten
Wie wir im Beruf Persönlichkeit und Seele
»unter einen Hut« bringen
Paperback, 240 Seiten
ISBN 978-3-89060-554-8

Ein ganz persönliches Kleinod

Mit diesem Band folgt Tanis dem Wunsch vieler ihrer SeminarteilnehmerInnen, die von ihren Gedichten tief berührt worden sind. Auch alle Leserinnen und Leser werden diese feinen klangvollen Gedichte lieben.

Tanis Helliwell
Umarmt von der Liebe
Gedichte
Paperback, 96 Seiten
ISBN 978-3-89060-324-7

Hier kann man sich zum **Neue Erde-Newsletter** anmelden:
newsletter.neueerde.de/anmeldung

NEUE ERDE im Buchhandel

Sollte es Lieferschwierigkeiten bei den Büchern von NEUE ERDE geben, lassen Sie immer im VLB (Verzeichnis lieferbarer Bücher) nachsehen, im Internet unter **www.buchhandel.de**

Alle lieferbaren Titel des Verlags sind für den Buchhandel verfügbar.

Sie finden unsere Bücher auch auf unserer Homepage **www.neue-erde.de** oder in unserem Gesamtverzeichnis, welches Sie gerne hier anfordern können:

NEUE ERDE GmbH
Cecilienstr. 29 · 66111 Saarbrücken
info@neue-erde.de

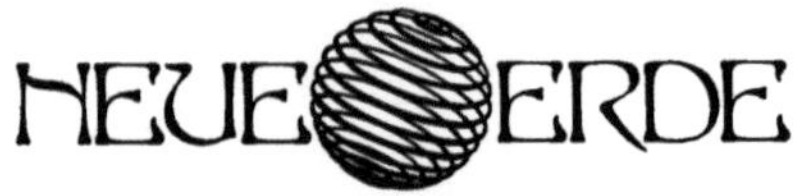